60번 죽은 남자

60번 죽은 남자

시각장애인 시인 **허상욱** 집사의

간증 에세이

Orum Édition

서문
옳은 손이 오른손

2023년에서 2024년으로 넘어가는 송구영신 예배를 마치고 들어와 잠도 오지 않고 해서 조창인 소설가의 소설 "해피빌라"를 읽었습니다. 그런데 본문 중반 무렵에 이런 문구가 있습니다.

"우리가 아침을 간절히 기다렸기 때문에 마침내 아침이 온 건 아니다. 기다리는 게 우리의 몫이긴 하지. 그렇지만 기다림의 끝은 우리 말고 그 누군가의 뜻이란다."

저는 책을 읽다가 기독 서적이 아닌 다른 책들 속에서도 이토록 화들짝 놀라는 문구들을 자주 발견합니다. 하나님의 은혜는 언제 어디서든지 다양한 형태로 드러나는가 봅니다.

또 이런 일도 있습니다. 오른손잡이와 왼손잡이에 대한 문제로, 전 세계 사람들의 손은 거의 모두가 오른손잡이가 압도적입니다. 각기 다른 대륙에 떨어져 살면서 한결같이 오른손을 주로 쓰는 손으로 이용하는지 나는 그것이 궁금하지 않을 수 없습니다.

박지원의 소설 "허생전"에서 말미에 기록해 놓은 것을 유심히 관찰하여 보면 오른손은 사람들의 질서와 아주 밀접한 관계가 있습니다. 한 상에 둘러앉아 밥을 먹을 때 오른손잡이인 사람과 왼손잡이인 사람이 뒤섞이게 되면 식탁에서의 혼란은 이루 말할 수가 없습니다. 일부러 이 문제를 인터넷에서 찾아보았으나 명확하게 답을 해 놓은 곳은 없습니다.

유전자가 어떠니 염색체의 배열이 어떠니 하며 설명을 해 놓은 포스팅이 있기는 합니다만 그 역시도 설득력이 있어 보이지는 않습니다. 왜냐하면 예전 고향에서 아는 아저씨께서 중풍으로 오른쪽 마비가 오자 왼쪽으로 젓가락질을 바꾸어 연습하고 능숙하게 사용하는 걸 보았기 때문입니다.

그러니까 이 오른손잡이의 형태는 내적인 것에서 기인(起因)한 게 아니라 외적인 것에 의하여 만들어진 것이라 추측한 것입니다.

나는 이걸 오랫동안 머릿속으로만 간직하고 있다가 최근 이 책을 완성할 끄트머리에 가서 그 답을 찾게 되었습니다.

"다슬기"라는 민물에 사는 고둥이 있습니다. 이것의 회전 방향을 보면 한결같이 한쪽으로만 나선(螺旋)이 꼬여 있는 걸 볼 수 있습니다. 다슬기는 민물 물이 맑은 곳이라면 어디에나 사는 패류(貝類) 중 하나입니다. 물론 고둥의 종류라면 산이고 바다고 들판이고 어디든지 많이 살고 있습니다. 이를테면 소라, 골뱅이, 달팽이, 다슬기, 우렁이 등이 그렇습니다. 아마도 내가 알고 있는 것보다 훨씬 많은 것들이 이 지구상에는 살고 있을 것입니다.

그런데, 그 고둥의 회전 방향이 모두 한쪽 방향이라는 것입니다.

나는 이 고둥으로 인하여 하나님이 이 세상을 창조하셨다는데 확신을 더 합니다.

우렁이나 다슬기 같은 고둥을 굽든지 삶든지 해서 한 자리에 가족이 둘러앉아 까먹는다고 생각하면 여기서 왼손잡이는 오른손잡이보다 그 속도가 떨어지게 되어 있습니다. 그 회전 방향이 오른손잡이에게 유리하도록 나상(螺狀)을 그리고 있기 때문입니다.

또 옆의 다른 가족과 팔꿈치가 자꾸 부딪치게 되어 불편함을 초래하게 되는 것입니다. 고로 더 많이 먹으려거나 편리하게 손을 사용하려면 어쩔 수 없이 오른손을 써야 하는 손동작이 자연스럽게 만들어지는 것입니다.

  고작 고둥이라는 미물 때문에 그런 공식이 생겨났을까 의문이 올 수도 있습니다. 그러나 우리가 여기서 말하는 고둥이라는 것은 어린아이까지 잡을 수 있는 아주 흔하디흔한 먹거리라는데 그 답이 들어 있습니다. 산이고 바다고 개울이고 논이고 어디서든지 잡을 수 있으므로...

  하나님께서는 우리에게 이토록 세밀한 것까지 서로 다투지 않고 살기 위해 질서를 배열해 놓은 것입니다. 그리고 진화론으로는 절대 만들어질 수 없는 방향이라는 것에 저는 설득력을 가집니다.

  나는 이 이론을 성경에 구태여 기록이 필요치 않을 정도로 당연시된 것을 찾아내게 된 것이라 확신합니다. 어느 로버트를 만드는 공학박사는 인체에서 사람의 손을 그러니까 근육과 신경의 세밀한 조직을 가장 만들기 힘들다고 창조론을 뒷받침했습니다. 그러나 나는 그러한 것들을 넘어서 하나님이 인간을 창조하신 것에 이 공식을 맞추어 보고 싶습니다.

  "기다림의 끝은 우리 말고 그 누군가의 뜻이란다."라는 문구를 작성한 작가 "조창인" 선생님이 크리스천인지는 잘 모르겠습니다. 그러나 이 세상 어딘가 어느 것인가에는 하나님의 존재를 알만한 것들이 얼마든지 더 있을 것이라 생각합니다.

성경이든 세상의 사물이든 하나님이 창조하신 그걸 확인하고 그분이 목적하는 곳으로 순종하여 점점 나아가는 게 하나님 자녀인 나의 몫으로 보여집니다.

그렇게 얻어지는 감격의 순간들을 드러내고자 이 글들을 완성하였습니다.

■ 차례

005 _ 서문 / 옳은 손이 오른손

1부

017 _ 금전수 목을 자르다
021 _ 나는 포도나무가 제일 좋다오
025 _ 아버지의 기준으로
029 _ 나의 집중은 어느 과녁에
032 _ 주님은 둘이 아니어서
036 _ 고난도 축복인 것을
042 _ 새벽 기도
044 _ 아버지를 아버지라 부르지 못하고
048 _ 나는 죄인입니다
053 _ 종처럼 아들처럼
056 _ 종려주일과 탈모샴푸
059 _ 국힘당보다 민주당보다 예쁘당
063 _ 내 얼굴의 남은 그늘을 지울 수 있도록
066 _ 상욱아, 네가 지금 어디 있느냐
069 _ 말씀

2부

075 _ 환장하겠네 돌아버리겠네
080 _ 고구마 밥
083 _ 너는 어디에 속하였느냐?
087 _ lotto
090 _ 나그네 기도
094 _ 자랑해도 돼요
099 _ K 너는 누구인가
102 _ 내 삶의 제네시스
107 _ 미친 제물
110 _ 손이 아픈 발을 쓰다듬는 것처럼
113 _ 하라와 말라
116 _ 못난이 화분
120 _ 착한 남자
124 _ 혀로 듣다
128 _ 살아있는 땅

■ 차례

3부

135 _ 착한 돌멩이
140 _ 지선아 사랑해
145 _ 배불리 먹은 양
148 _ 천국과 지옥
155 _ 유연한 포도나무
158 _ 하나님은 계시지 않는다 이제 세상을 마음대로 즐기자
163 _ 고해
167 _ 친구를 위한 기도
173 _ 스스로 만든 감옥
176 _ 쌀 씻기
179 _ 미친 것들
183 _ 크로스비를 생각하며
187 _ 오직 의인은 믿음으로 말미암아 살리라
190 _ 적응자 & 부적응자
193 _ 오늘의 축복이 진정한 축복이 될 수 있도록

4부

199 _ 길을 찾아 나는 슬퍼합니다
202 _ 미말
206 _ 오십견과 이태석 신부
210 _ 휘청거리는 오후
214 _ 내일은 푸른 하늘
217 _ 그릇의 용도
220 _ 새벽을 깨우리로다
224 _ 동기부여
228 _ 달맞이꽃
231 _ 가위 바위 보의 행복론
234 _ 선행의 도구란
238 _ 8월의 시
240 _ 사랑의 조건
243 _ 100%의 믿음을 위하여
247 _ 60번 죽은 남자

250 _ 에필로그 / 죽어도 행복한 2023년

1부

어둠도 짙어지면 안개처럼 흥건하여 세상은 희게 변하였습니다.
그러나 지난밤의 두려움을 완벽히 지울 수는 없었습니다. 이 어둠의
끝자락에서 당신이 마련해 온 투명한 불빛만이 세상을 열어 보입니다.
그렇게 하루를 내어 주십니다.
나는 그 길목으로 한 걸음 조심스럽게 내디딜 뿐입니다.

금전수
목을 자르다

우리 가게에는 5년째 키우고 있는 금전수 화분이 하나 있습니다. 우리 가게에 들어온 지 5년은 넘는 것 같고 6년은 조금 안 되는 것 같습니다.

나는 우리 가게에 들어온 것이라면 사람이건 물건이건 그냥 허투루 여길 수 없어 이것 역시도 애지중지하여 날짜를 맞춰 물을 주고 잎에 먼지도 털어주고 그럽니다. 그래서 그런지는 몰라도 손님들이 가게에 있는 화분들을 둘러 보고 "어떻게 햇빛 하나 들어오지도 않는 곳에서 이렇게 식물들이 잘 자랄 수 있나요?" 하고 물어봅니다.

그러면 가게에 클레식으로 찬양이 흘러나오는 것을 알려주며 "식물들도 음악을 틀어주면 저렇게 싱싱하게 자라는 걸요." 하고 대답을 합니다. 그러면서 수년째 우리 가게에서 자라고 있는 스킨다비스와 금전수와 다육이들의 화분들을 자랑하고 그럽니다.

언제부턴가 저는 고민이 하나 생기기 시작합니다. 화분 한 가운데서 위로 똑바르지 않고 옆으로 누워서 커가는 줄기 하나를 발견하게 된 것입니다. 다른 줄기에 비해 반 뼘은 더 큼직도하고 잎새도 더 널따란 것이 비뚤어져 가는 것 같아 몹시 안타까웠습니다.

마치 내 모습과 닮았다는 생각에 나는 더 측은해 집니다. 똑바로 세우려고 노력합니다. 지지대도 꼽아서 묶어보고 옆의 다른 줄기에 의지해서 세워도 보고 그럽니다. 그러나 한번 삐뚤어진 줄기는 좀체 원래대로 세워지지 않습니다. 차마 난감하지 않을 수 없는 거였습니다.

그래서 어느 날 나는 그 줄기의 밑동을 과감하게 잘라내기로 결심하였습니다. 깨끗한 가위를 준비하여 흙에서 가장 가까운 쪽을 싹둑! 잘라냅니다. 아, 조금은 아픈 내 팔이 잘려나가는 것 같은 생각이 드는 건 또 어쩔 수 없는가 봅니다.

그때,
일순간, 나는 놀라운 것을 경험합니다. 그 비뚤어진 줄기를 싹둑! 잘라내는 순간 나머지 줄기들이 동시에 풍성해지는 걸 보게 됩니다. 무슨 마술과 같은 현상이 발생하는 거였습니다. 고만고만했던 나머지 줄기들이 화분 전체에 가득하여 그 좁다란 화분에 한가득 채워지는 것처럼 느껴지는 거였습니다.

  비뚤어진 식물을 키워내던 화분에서 줄기가 곧은 식물로 가득 찬 화분으로 단숨에 변해버린 것을 보게 된 것입니다. 어긋난 가지 하나 잘라냄과 동시에 화분 전체가 바뀐 것 같은 현상을 보게 된 것입니다.

  그리하여, 나는 금전수 목을 잘라내던 그날, 이리저리 고심하던 것 나를 자꾸 소심하게 만들던 것 하나를 잘라내기로 결심한 것입니다.

  하나님을 믿는다 하면서도 끊지 못했던 술을 완전히 끊기로 한 것입니다. 내 안에서 이리저리 핑곗거리로 남아 명맥을 유지해 오던 금주(禁酒). 금전수 목을 잘라내는 순간 내가 주님의 곁에 다가서기 주저하게 만들던 것들 중 하나를 과감히 삭제하기로 한 것입니다.

또 한편으로,
남을 힘들게 했던 내 비뚤어진 줄기.
다름을 인정 못 하던 내 추악한 줄기.
주제 없이 자랑을 일삼던 내 교만한 줄기.

내 관점으로 남을 판단한 부정한 줄기…
그렇게 잘라내야 할 줄기들이 하나둘 보여지는 거였습니다.

오늘 새벽도 자주 찾는 목사님의 강해 설교를 연이어 듣습니다. 듣다 보니 이런 말씀이 은혜롭습니다.
"내 스스로가 부족한 걸 알지 못하면 남을 판단하는 중죄를 짓게 되나니…"
내가 비뚤어진 걸 알지 못하고 그걸 잘라내지 못하고 세상이 왜 그러냐며 탓하던 걸 말하는 거였습니다. 나 하나가 바뀌면 온 세상 전체가 바로 서는 걸 말하는 거였습니다.

내가 오늘도 하나님의 은혜로 하루를 여는 것은
내 잘라낼 비뚤어진 밑동을 찾아내고
더 좌절하고 아파하고 더 슬퍼해야 할 것을 찾기 위해서라고
내 스스로 자복하고 고백합니다.
이 모든 것이 주님이 하신 것이라 믿으며
오늘의 은혜를 겸허한 마음으로 맞아들이기로 합니다.
아멘.

나는 포도나무가 제일 좋다오

'내가 곧 길이요 진리요 생명이라. 나로 말미암지 않고서는 아무도 아버지께로 올 사람이 없느니라.'

예수님께서는 스스로 여러 은유를 통해 자신을 표현하셨는데, 그중 세 가지,

첫째는 "목자"입니다.
우리는 어린 양과 같아서 목자의 지팡이가 없으면 매일 낯선 길과 험한 맹수의 골짜기를 헤매는 수밖에 없습니다. 독초와 양질의 풀을 구별할 능력도 없어서 쉽게 병들고 생명을 연장하기 힘듭니다. 그 지팡이는 내가 나아갈 길을 일러 주기도 하며 어떠한 적들로부터 나를 보호하는 무기가 됩니다. 사탄

의 먹이가 되는 걸 목자 되신 예수님은 그냥 방조할 수 없는 걸 우리는 믿어야 합니다. 그 목자의 지팡이가 바로 우리의 나아갈 길을 의미합니다.

구약의 언약궤에서는 아론의 싹난 지팡이가 그것으로 보여집니다.

둘째는 "빛"으로 은유하신 부분입니다.

아침에 태양이 떠오를 때 어둠이 물러나는 것처럼 예수님이 우리 마음속에 자리를 잡는 동시에 내 거짓된 마음과 결별할 수 있는 것입니다. 어둠은 내가 나약한 때를 기다렸다가 분명 다시 찾아올 것입니다. 그러나 우리는 아침이 또한 올 것을 알고 있는 것처럼 예수님은 빛이신 모습으로 우리에게 오실 것입니다. 어둠이 어둠 자체로 우리 안에 있게 두어서는 안 됩니다. 빛이 반대가 어둠이었다는 걸 우리는 알아야 합니다. 빛으로 오신 예수님을 통해 어둠을 구별해 낼 수 있는 것, 그것이 진리입니다. 예수님이 바로 진리입니다.

구약에서는 죄의 구분을 위해 우리에게 주신 십계 돌판이 빛인 것입니다.

셋째는, "포도나무"로 은유하신 부분입니다.

예수님께서는 가지와 같은 우리가 매일 그 나무에 붙어 있기를 원하십니다. 잘라져 바닥에 버리우는 것은 어떠한 생명도 아니기 때문입니다. 심지어는 거름도 되지 못합니다. 그저 아궁이 불쏘시개 외에는 소용 가치가 없습니다. 그 가치도 여타의 것들과 비교할 수 없을 정도로 형편없습니다. 고로 우리는 생명의 근원이신 예수님께 늘 붙어 있기를 힘써야 합니다. 그래야 우리는 열매를 맺을 수 있는 것입니다. 살아있기 위해서는 그래야 합니다.

언약궤에서는 생명의 근원인 만나의 항아리를 의미하는 것으로 보여집니다.

이 세 은유는 각각의 독립적 사유를 갖습니다. 그러나 하나의 거대한 일체를 이루고 있는 것 또한 알 수 있습니다. 이를테면 진리가 길이라든지, 길은 지팡이를 의미한다든지, 생명은 빛을 전제로 한다든지, 빛은 길을 의미한다든지 등등 마치 가위바위보를 연상하게 하는 것처럼 이어집니다. 또한 삼의 일체를 연상하게도 합니다.

그럼에도 불구하고 그중 포도나무로 은유하신 예수님을 나는 관심을 가장 많이 가집니다. 우리가 그 포도나무에 붙어 있기를 힘써야 빛과 지팡이를 즉 길과 진리를 구할 수 있는 것이기 때문입니다.

내가 살아 있으므로 그것도 주 안에서 온전히 살아 있으므로 길과 진리도 찾을 수 있는 것이기 때문입니다.

지금은 새벽 5시 35분입니다.
내 생명의 근원이시고자 포도나무 되신 예수 그리스도의 사랑을 새삼 떠올리며 오늘이라는 하루를 준비합니다.

아버지의 기준으로

살다 보면 주변 사람들과 생각이 같지 않아서 다투는 일이 종종 발생합니다. 심지어는 나는 분명 좋은 뜻에서 이야기한 것도 상대에게는 상처가 되는 일도 왕왕 있습니다.

지난주 목요일과 일요일에는 이런 일이 있었습니다. 필자가 소속되어진 안마원에 내방한 손님 한 분이 저에게 하시는 말씀,

"아버님 어디 가셨나요?"

그러는 거였습니다. 그러고는 저를 한참 쳐다보더니,

"아, 원장님이시구나."

그러는 거였습니다. 이를테면 나를 우리 아들로 착각한 거였습니다. 얼마나 기분이 좋았겠습니까? 아들과 저는 30년이나 나이 차이가 나는데 저를 그렇게 젊게 봐주니 입이 귀까지

걸릴 뻔했습니다.

그러다가 그 주 주일 저녁에 직원들을 만날 일이 있어 시내 어느 삼겹살집에서 저녁을 먹기로 했습니다. 가게가 큰데다가 손님도 아주 많은 맛집이었습니다.

눈이 보이지 않는 사람들과 보이는 사람들 여럿이 우르르 들어오니 주인은 친절하게도 카운터에서 나와 자리 안내를 자청하는 거였습니다. 그러면서 저에게 하시는 말씀이,

"아버님은 이쪽으로 앉으시지요."

그러는 거였습니다. 땡! 내가 자식들을 데리고 저녁을 먹으러 온 것으로 보여진 것입니다. 기분 참 거시기한 순간이었습니다. 삼겹살을 먹기도 전에 벌레를 먼저 씹은 모양이 되어버렸습니다. 예수님은 3일 만에 부활했다.하는데 나는 3일 만에 천국과 지옥을 왔다갔다 한 것이었습니다.

그와는 별개로 이런 일도 있었습니다. 어제인가 그저께 페이스북에서 친구 맺어진 이들의 타임라인을 살펴보던 중, 어느 우화에서 발췌한 거라며 올려준 내용인데,

"아프리카 원숭이가 나무에서 내려와 냇가에서 물을 마시게 되었다. 엉덩이를 치켜들고 고개를 물에 처박고 꿀꺽꿀꺽 물을 먹는데 그만 실수로 콧속에 물이 들어갔다. 그래서 제자리에서 펄쩍펄쩍 뛰며 "캑캑!" 숨 막혀하였다. 한참 그러고 나

서야 어느 정도 숨이 골라지고 정상적으로 숨을 쉴 수 있었다. 그때 물속에서 물고기들이 놀고 있는 게 원숭이 눈에 띄었다. '물고기들도 숨이 막히겠구나.' 하고 물고기들을 얼른 얼른 꺼내어 양지바른 둑으로 올려 주었다. 얼마 지나지 않아 물고기들은 모두 말라 죽었다."

나는 이 우화를 통해 내 기준이 아무리 좋은 도덕 윤리를 따른다 해도 혹은 법적 정당성을 가졌다 해도 세상이 행복해질까 하는 생각을 하지 않을 수 없었던 것입니다.

얻은 결론을 먼저 말하자면 그 기준이 사람이 우선시 되었다면 세상은 결코 행복해질 수 없다는 것입니다. 어느 유명한 철학자의 언어의 무용성 같은 것들도 이러한 이치에서 출발하게 된 것으로 보여집니다. 결코 좋은 의도가 100% 좋은 결과로 귀결되지 않는다는 이유에서 행동이 아닌 말의 그 무용성은 설득력을 가졌을 것입니다.

마태복음 7장 8절에 '누구든지 구하면 얻을 것이며, 찾으면 찾을 것이고, 문을 두드리면 열릴 것이다.'라고 했습니다. 내게는 그럴 때 그런 상호 간에 혼란이 올 때 기도가 필요하다는 얘기로 들립니다. 그 말씀을 묵상하던 중 누구도 아닌 아버지 하나님의 기준으로 보자면 모든 게 다 해결되는 결론 또한 얻을 수 있었습니다.

상대만을 생각하자면 내가 손해 보는 것 같고 내가 기준이 된다면 상대가 또 그렇게 여겨질 것이기에 어느 한쪽도 불편해 보입니다. 그러나 나의 기준도 상대방의 기준도 아닌 아버지 하나님의 기준으로 생각하면 이쪽저쪽 어느 쪽으로든 풀리지 않는 문제는 없다는 결론을 얻은 것입니다.

그렇게 생각하니 나를 흡족하게 봐주는 것도 우쭐해할 이유가 아니며, 나를 섭하게 보는 것도 맘 상해 할 이유가 없는 거였습니다.

마태복음 18장 5절에는 '또 누구든지 나를 받아들이듯이 이런 어린이 하나를 받아들이는 사람은 곧 나를 받아들이는 사람이다.'라고 했습니다.

내가 갖추어야 할 것은
오로지 주님의 말씀을 귀 기울이는 가운데
상대를 어린아이를 받아들이는 마음 하나면
마냥 족한 것이었습니다.
그런 것이었습니다.

나의 집중은 어느 과녁에

저는 시각장애인이자 안마원을 운영하고 있는 안마사입니다. 오늘은 토요일, 업종의 특성상 일주일 중 가장 바쁜 날입니다. 바쁘다고 해서 힘들거나 걱정스럽지는 않습니다. 어떤 새로운 손님들이 찾아올 것인가, 무슨 요구사항을 가지고 내방할 것인가, 그런 것들이 궁금하여 되려 조금은 흥분되기도 합니다. 이렇게 기분을 미리 짐작하여 흥분을 고조시키는 건 내가 하루를 설계하는 방법 중 하나입니다. 또한 하루의 성패를 좌우하는 기준이 되기도 합니다.

이런 고양감(高揚勘)은 실제로 육체적 정신적인 불편함을 겪으며 내방하는 손님들에게 좀 더 정성스런 서비스를 제공하는 빌미가 되기도 합니다.

내일은 주일입니다.

그래서 과거의 주일을 맞이하던 마음과 지금을 비교해 보기로 합니다. 이를테면 주일을 기다리고 준비하는 마음이 과연 내가 온전히 주님께 정성을 다하고 있는가를 생각해 보기로 한 것입니다.

어제 다 하지 못한 일을 염려하고 있지 않는가.

휴일이라서 만날 사람들을 생각하고 있지 않는가.

외식 메뉴를 고르며 즐거워하고 있지 않는가.

밀린 설거지 청소 때문에 모처럼 맞는 휴일이 더 바쁘지는 않는가...

과거 양궁선수로 신궁이라 불리우던 김순영 선수를 잠시 생각해 봅니다.

그는 마지막 한 발의 화살로 금과 은이 결정되어지는 순간이 오면 여느 선수와 달리 흥분되고 온몸에 전율이 인다고 합니다.

다른 선수들의 경우 그러한 상황이 오면 배가 아프고 눈이 갑자기 침침해지고 손발이 떨려 초점을 잡기가 어려워진다고 합니다.

그러나 우리의 김순영 선수는 그 기회가 오면 되레 '기회는 지금이다!'라는 생각으로 시위를 당긴다고 합니다. 내가 토요일 오늘 맞을 손님들의 숫자로 고양된 느낌과 조금도 다르지 않을 것이라고 봅니다.

나의 주일도 그렇습니다.
'지금이 기회다!' 라는 생각을 먼저 앞세웁니다. 그래야 하는 것입니다. 주일이 되어 만나게 될 목사님 장로님 권사님 집사님은 물론이며 말씀을 통해 내 안에 있는 하나님의 안위를 확인하는 귀한 시간이 되지 않겠는가. 강단의 말씀을 기다리는 내 마음이 '지금이 기회다!' 라는 시위를 팽팽하게 당기고 있는 그 양궁선수와 같은 마음이라면 나도 어느새 신궁 반열에 든 성도가 아닐까 하고 생각해 봅니다.

오늘은 토요일,
오늘의 수고는 여기까지입니다.
내일은 내가 맡아 놓은
천국을 확인하러 갑니다.

주님은 둘이 아니어서

하다와 되다는 다른 말입니다.

믿음 생활을 하는 사람들은 이 두 단어의 차이를 유독 집중해야 할 필요가 있는 것 같습니다. 지난주 장애인 콜택시를 타고 예배를 참석하러 갈 때 이런 일이 있었습니다. 날씨가 궂은 탓인지 콜 접수를 해 놓고 한참을 기다리는데도 차가 좀처럼 배차되지 않는 거였습니다.

교회까지는 10시 50분까지 도착해야 하는데 차는 35분이 되어서 배차되는 거였습니다. 그런 데다가 웬일인지 차는 근거리에서 배차되었음에도 불구하고 10여 분을 더 지나고 나서야 도착하는 거였습니다. 대략 따져보니 예배 시간을 20분 정도 늦게 도착하게 된 거였습니다.

짜증도 나고 그러는데 시간은 늦었는데 기사님은 늦은 이유에 대해 어떠한 말씀도 없는 거였습니다. 이걸 따져 물어봐야 하는가 싶기도 한 것이 교회에 도착하여 예배에 들어가 있는 권사님을 불러내어 안내를 부탁해야 한다는 생각에 참으로 난감한 지경에 이르렀습니다.

이럴 때 내가 가진 장애에 대해서 비애감을 느끼게 되는 건 어쩔 수 없는가 봅니다. 그냥 나도 운전하는 사람이 되어서 부릉부릉 얼른 차를 몰고 갔으면 이런 일에 골머리를 썩지 않아도 될 것을 하고 생각하였습니다. 그러다가 문득, 두 눈을 떼룩떼룩 굴리며 지금 나는 하나님을 만나러 가는 게 아닌가…? 하고 생각해 보게 되는 거였습니다.

그 하나님을 생각한 거 하나만으로도 머릿속 생각은 다시 차분해지는 거였습니다.

"많이 바쁘시지요?"

그 말 한마디로 모든 게 해결되는 거였습니다. 그러자 마침 전화도 옵니다. 권사님이었습니다.

"집사님 언제 도착하나요?"

비가 와서 그런지 차량이 배차가 늦어 지금 막 출발했노라 말씀드렸습니다. 대략 도착시간을 알려드렸습니다. 권사님께서도 때맞춰 나가 있을 테니 천천히 오라고 말씀하십니다. 참으로 고마운 일입니다. 우중충한 하늘이 갑자기 맑게 개이는 것 같았습니다.

내가 섬기던 교회를 이 교회로 옮기고 나서, 가장 큰 기적을 체험한 것은 술을 끊은 것입니다. 그러니까 약 10여 년 동안 365일 중 300일가량을 술을 먹어오다가 완전히 끊게 된 일입니다.

피곤해서 먹고,

기운이 남아돌아서 먹고,

즐거워서 먹고,

즐겁지 않아서 먹고,

누굴 만났으니까 먹고,

혼자라서 먹고,

그러다 보니 10년 동안을 거의 하루도 빠지지 않고 먹게 된 거였습니다. 술이 없으면 빈 병 모아둔 곳에 가서 병들을 흔들어 남은 술이 없나 확인하는 지경에까지 이르렀습니다. 중독이니 폐인이니 하는 단어가 생각나고 그랬습니다. 겉으로는 믿음 생활을 한다고 하면서 내 안에 주님을 둘이나 모시고 사는 거였습니다.

그러다가 결코 주님은 둘이 될 수 없다는 생각이 든 것은 내가 하나는 나를 망가뜨리는 주(酒)님이며 또 하나는 나를 바로 세우실 주(主)님이라는 생각이 들어서였습니다.

배를 침몰시키려는 선장과 목적지로 배를 예인하려는 선장 이 둘이서 매일 다투는 거였습니다. 그러다 보니 내 삶은 항해인지 표류인지 모를 이상한 모양이 되어 그냥 흘러가고 있는 거였습니다. 기우뚱기우뚱 이상한 항해였던 것입니다. 되려 침몰하지 않은 게 다행이었다는 생각입니다.

그러나 지금은 한 분의 주님이 자리를 온전하게 잡으니 다른 하나의 주님은 저절로 밀려나는 거였습니다. 과연 하다가 아닌 되다가 맞는 거였습니다.

예전에 다른 것들이 주인 행세를 하던 그 자리를
지금의 주님이 대신하고 있는 것을 알면
내가 점점 변화하고 있는 것은
모두가 주님이 하신 것입니다.
그게 맞습니다.

고난도 축**복**인 것을

정수기 회사 국장인 우리 교회 최○○ 권사님은 팔방미인입니다. 주일학교 교사에서 교회 청소와 주방일까지 팔랑팔랑 거칠 게 없습니다.

내가 권사님에게 전도되어 우리 교회로 다니기 시작한 지 두어 달 지났을까, 권사님 하시는 일에 도움이라도 될라 싶어 아는 안마원 원장님께 전화하였습니다. 정수기라도 팔아 주려는 거였습니다. 그런데 그 원장님 하시는 말씀 왈.

"상욱아 우리 가게에는 정수기가 두 대나 있어야. 하나는 그냥 정수기고 또 하나는 말까지 하는 정수기야."

그러는 거였습니다. 아뿔싸 싶은 것이 그 집 사모 되시는 분 이름이 "정숙이" "김정숙"이었던 겁니다. 한마디로 여차저차해서 정수기는 못 팔아 주겠다는 겁니다. 나중 정수기 교체

할 일 있으면 전화 주십사 해놓고 그 정수기 파는 것도 아무나 하는 게 아니었구나. 하고 망연해하는 거였습니다.

내가 이 교회를 다니기 시작하니 우리 가게 안마사들도 두 사람이나 우리 교회로 따라나셨습니다. 그런데 최○○ 권사님을 비롯하여 집사님 권사님 혹은 장로님들이 입구로 마중 나와서 눈 안 보이는 우리 식구들을 안동하여 예배당으로 들입니다. 심지어는 권사님 두 분이 서로 팔을 잡아 끌며 "내가 데리고 갈게 내가 데리고 갈게."하고 다투기까지 합니다. 그래서 타 교회에 비하여 송구스럽기도 고맙기도 한 이 상황을 어떻게 보답해야 하는가 골똘히 생각을 아니 할 수 없었습니다.

나는 20대 초반 문경에 있는 어느 청소년 수련관에서 일한 적이 있습니다.

식품회사를 다니면서 결근과 월차와 휴가를 번갈아 내며 그 수련관에서 총무 일과 주방 일을 맡아서 했었습니다. 몹시도 힘들고 고단한 하루하루였습니다. 새벽같이 일어나 주방일을 하고 또 밤이 늦어서야 잠을 잘 수 있는 힘든 시기였습니다. 그런데, 그렇게 힘들고 고단한 일이었는데도 불구하고 지금 그 시절이 그리운 것은 무엇일까요?

그때는 그 일을 할 수 있는 때였고 지금은 그 일을 하고 싶어도 할 수 없다는 것입니다. 바로 그거였습니다. 무슨 일이

든지 때가 있다는 것, 그걸 이제사 깨달은 거였습니다.

그래서 지금 내가 당장 할 수 있는 게 무엇일까 생각해 보기로 했습니다. 그렇게 구상을 하던 중 교회에서 우리 가게 안마사들 몇몇 사람들이 매달 마지막 주 주일 예배 후에 안마 봉사를 하면 얼마나 좋을까 생각하였습니다.

성전을 깨끗하게 가꾸는 분들 식사 준비를 하는 분들 그리고 말씀 인도를 위해 오래 서 계시는 목사님 전도사님께 우리의 은혜를 축복을 나누어 주는 거다. 하는 마음으로 안마를 해 드리기로 한 것입니다. 그리고 그렇게 지금까지 약 6개월 정도 안마 봉사를 하고 있습니다.

아주 흡족한 봉사 시간입니다. 술자와 피술자 모두 만족하는 은혜로운 시간이 아닐 수 없습니다.

그러던 중, 지난 1월 안마봉사는 많이 힘들었습니다. 아침에 침대에서 허공으로 다리 운동을 한참 돌리고 나서 샤워장에서 머리를 감을 때였습니다. 허리를 앞으로 굽혀 머리를 감는데, 억! 허리에서 공사장 쇠망치로 때리는 듯한 통증이 갑자기 찾아왔습니다. 지금까지 살면서 그렇게 아픈 통증은 처음 느껴볼 정도로 강한 통증이었습니다.

서지도 앉지도 못하는 지경으로 머리 감기를 대충 마무리

하고 하루 일과를 보는데 도무지 일을 제대로 볼 수 없는 거였습니다. 그때가 화요일이었습니다. 주일까지는 허리가 나아야 하는데 싶었습니다. 이번주가 안마봉사를 하는 주이기 때문이었습니다. 그러나 주일이 되어도 허리는 좀처럼 나을 생각이 없습니다. 조금 통증이 처음보다는 감소되었는가 싶은 게 전부였는데 다시 움직이기 시작하면 또 통증이 몰려오고 그랬습니다.

주일이 되어 예배 후 2층 생명나무실(유, 초등 놀이방)에서 안마를 하려고 앉았는데 허리는 역시나 분질러진 젓가락처럼 쉽게 펼 수도 굽힐 수도 없는 거였습니다. 제일 먼저 안마를 해드릴 분은 목사님 사모님이었습니다. 역시나 안마를 시작하는 동시에 허리가 끊어질 듯 아파오는 것이었습니다. 그런데 아픈 도중 이런 생각이 들었습니다.

'예수님은 얼마나 아팠을까.'

하고 생각을 하니 허리가 아픈 와중에도 나는 기쁨을 주체할 수 없는 거였습니다. 갑자기 환희가 몰려오는 것이었습니다.

'그래 조금은 아주 조금은 나도 예수님을 닮아가고 있구나.'

그런 중에 이런 생각도 들었습니다.

'지금까지 나는 예수님을 뒤따르게 하며 걸어가고 있었구나. 예수님을 앞장세워 걸어가면 고난도 축복이 되는 것을…'

캐나다 동부 미국과 경계가 되는 지점에는 거대한 폭포가 하나 있습니다. 우리가 잘 아는 "나이아가라 폭포"입니다. 이 폭포에서는 관광객들 중 유독 한국 사람들만 그 폭포 앞에서 소리를 지른다고 합니다. 미국 사람들도 일본 사람들도 혹은 중국 사람들도 그 한국 사람들이 지르는 소리의 의미를 이해 하지를 못한다고 합니다. 가이드들이 제발 그러지 말라고 해도 소용이 없다고 합니다. 그대로 받아 쓰자면,

"나이야, 가라!"

가지 말라고 하면 안 갈 것이며 오지 말라고 하면 안 올 것인가... 그러나 지금까지 먹은 나이를 되돌려 보낼 방법은 있습니다. 다시 태어나는 것입니다.

그렇게 나는 나이를 되돌리는 "리셋(컴퓨터에서 시스템을 초기화하는 기능)" 버튼을 찾은 것입니다.

마침 하여 오늘 아침 절친 김○○ 목사님의 인터넷 설교에서 터닝 포인트라는 단어가 나왔습니다. 오늘 그 포인트를 맞고 내일 또 또 다른 포인트에 서게 되는 우리의 믿음 생활은 얼마나 위대한 것인지, 새삼 깨닫습니다. 고난도 축복이 되는 그 은혜를 알면 천국도 멀지 않다고 믿지 않을 수 없습니다.

그 포인트를 알게 되면 이전의 나는 죽고 새로운 생명으로 다시 태어나겠다는 생각을 합니다.

어릴 적 고향 안성에서 자갈돌을 캐다가 교회를 지으신
김○○ 목사님,
서울 처음 올라와 내 믿음의 씨앗을 마련해준
박○○ 목사님,
성남서 축복의 때가 있다는 걸 알게 해 주신 백○○ 목사님,
그리고 중학교 1년 선배여서 늘 친근한 김○○ 목사님,
지금 내가 섬기는 교회에서 하나님은 사랑이었구나를
알게 해준 최○○ 목사님,
지금 현재 말씀 축복의 은혜로 내 길라잡이가 되어주시는
김○○ 목사님,
이분들이 내가 주께로 다가설 수 있도록
징검다리가 되어 주시는 터닝 포인트에서 파수꾼 역할을
감당하고 계십니다.
그렇다고 그러고 계시다고 나는 오늘 고백합니다.
고난 중에서 행복을 느낄 수 있게 된 오늘이
진정 주님의 백성으로 내가 새로 태어난 날입니다.

새벽
기도

주여!

이 새벽을 어둠의 끝이라고 말하지 말아야 합니다. 그냥 회색 장막처럼 잠시 흐려지는 시간이라고 말해야 합니다. 이런 혼탁한 세상 속에 하늘의 별들도 눈동자처럼 잠시 빛났을 뿐이겠으나 그것들도 이내 흐려질 것입니다. 그저 우리는 당신의 시선이 충분해서 다만 하루가 밝아올 것을 믿어야 합니다. 무엇보다 밝은 당신으로 떠오르는 걸 믿어야 합니다.

알고 보면 내가 배고픈 지점까지 어둠은 은밀한 손을 내밀고 있습니다. 내 현실의 가장 가까운 곳에서 어떤 빛의 무리를 삼키듯 밀려오고 있습니다. 나는 그 속에서 잠자고 꿈 꾸고 어둠의 강 너머를 건너다 보고 있습니다. 별은 어둠 속에 있다고 밤을 찾지 말아야 합니다. 우리는 어둠이 빛을 넘볼 수 없다는 걸 감사해야 합니다. 어둠은 사라지지 않고 아무도 모르는 사이 도적처럼 찾아올 것이기에.

내 모양은 여기 서서 앙상한 가지로 겨울을 견디는 늙은 나무가 될 것입니다. 내 흉터는 귀가 되고 내 허물은 갑옷이 될 것입니다. 다만 여기 서서 어둠 속에서 들리는 귀를 밝게 하소서하고 나는 기도할 것입니다. 이렇게 내 깊은 속의 소리를 끌어내는 늙은 고목이 될 것입니다. 이 세상 어둠도 분명 저물 때가 올 것이라 나는 믿습니다. 새벽마다 일어나 내 깊은 곳에서 울리는 고동 소리를 들을 것입니다.

당신은 동쪽으로 드리우는 빛을 아무것도 없는 허공에 열어 보이는 것을 나는 두 팔 벌려 반길 것입니다. 바람 속으로도 밀려오는 울림을 나는 기억하고 있는 것이었으므로 당신이 나로 만드신 이 거친 고목의 형상을 나는 감내할 수밖에 없습니다. 그래서 나는 세상 속으로 벌리고 있는 포옹을 여기 서 있는 모습으로 오래 지속할 것입니다. 앙상한 내 가지가 너무도 초라할지라도 오래 지속할 수 있을 것입니다. 나는 여기 서서 어둠이 엄습하기 전에 빛을 조금 더 모아야 합니다. 당신은 울리는 내 안에 진작부터 자리하고 계시기 때문입니다. 아멘.

아버지를 아버지라 부르지 못하고

어제는 내 안의 주님이 몹시도 괴로웠을 겁니다. 우리 업장에서 실수가 잦은 직원 하나에게 몹시도 성을 내고 그의 심령에 상처를 내는 말을 하였습니다.

평소 하던 실수를 또 한 것이라 생각하여 꾸짖고 마구 야단을 쳤습니다. 또 확인되지 않은 실수가 얼마나 있을 것이냐며 예측까지 하면서 반복반복 언성을 높이고 그랬습니다.

화는 화를 부르고 있다는 게 느껴지는 것이, 말을 할 때마다 짜증이 더 크게 몰려오는 것이었습니다.

업장에 끼친 몇십만 원의 손해를 변상해야 한다는 말이 목 근처까지 올라왔다가 내려가고 그랬습니다. 거울을 보지 않아도 내 얼굴이 어떠한 모습으로 변해 있을까 저절로 그려지는 거였습니다.

그때 문득 성경에 '하나님이 당신의 형상대로 사람을 창조하셨으니…'라는 창세기 1장 27절의 말씀이 떠올랐습니다. 지금 나의 오관(五官)이 과연 하나님의 형상과 얼마나 닮아있는 것인가 라는 생각을 아니할 수 없었던 것입니다.

한편, 저의 아들 민서와 저는 하나도 닮지 않았습니다. 십여 년 전 동창회를 갔었는데, 아들 민서를 데리고 간 적이 있었습니다. 친구들과 저는 술자리에 앉아 얘기를 나누고 아들과 또래 아이들은 방 한켠에서 가지고 나온 게임기를 하며 놀고 있었습니다.

늦게 모임에 온 친구 하나가 아이들 노는 걸 보더니 너는 누구 아들이고 너는 누구 딸이고 하며 모두 맞춰내는 것이었습니다. 나는 분명 아들과 하나도 닮지 않았다고 생각하는데 우리 아들 얼굴에서 어떻게 내 얼굴을 찾아낸 것인지 정말 신기한 거였습니다.

그래서 어제는 쥐구멍을 찾아야 하는 게 아닌가 생각했습니다. 내 얼굴이 아버지 하나님의 모습과 닮아야 하는데 어찌하여 이토록 흉측한 오관을 그리고 있는지 정말 말로 형용할 수가 없었습니다.

그리고 내가 하나님을 아버지라 부르며 그의 아들이라 말하고 있는데, 내 얼굴이 과연 아버지 하나님의 모습인가 생각하지 않을 수 없었던 것입니다. 아버지를 아버지라 부르지 못하는 활빈당의 그 누구를 생각하지 않을 수 없었던 것입니다.

지금에야 변명해 보자면 나는 주님을 주관적으로 믿지 못하고 객관적으로 믿어온 게 사실입니다. 남들 하는 데로,
이 정도면 나도 괜찮은 사람 아닌가,
누구, 누구보다는 잘하고 있지 않는가,
힘든데 이 정도면 되겠지,
꼭 내가 해야 할 필요는 없지 않는가,
아직은 아직은 괜찮겠지.
이런 모든 것들이 다 쓸데없는 것들로서 내 신앙생활을 방해하고 있는 객관적 이념이었다는 생각이 든 거였습니다. 자위였으며 나 스스로 교만되이 살아가게 한 원동력이었던 것입니다.
어제는 그런 것들이 나의 하나님 아버지를 욕되게 하는 원인이었다는 걸 깨닫는 하루였습니다. 이제는 다시는 그러지 말아야지 하는 말도 쉽게 할 수가 없습니다. 그러나,
'아버지 하나님이 보고 계시니까…'
라고 작은 다짐을 해 볼 뿐입니다.

지금은 새벽 5시, 창밖에는 바람이 붑니다.

간판 밑에 매달아 놓은 현수막이 몹시도 펄럭입니다.
얇은 현수막은 바람이 불 때마다 불어오는 바람을 탓하듯
시끄러운 소리를 냅니다.
제 몸이 찢어져라 펄럭펄럭 요란스럽습니다.
질긴 끈은 현수막을 놓치지 않으려고 안간힘 쓰고 있습니다.

나는 **죄**인입니다

고사리

내가 손바닥만 한 죄에 사무쳐
낯을 들 수가 없어서
보다 더 습한 곳에
내 스스로 엎드려 기도하노니

사랑조차 구하지 않으며
심지어는 내 목을 꺾는 이를 미워하지 않기 위하여
더 그늘진 곳에 고개 숙여
이슬처럼 눈물을 또 흘리노니

행여 누가 내 빛을 가리더라도
내가 먼저 용서하며
죽을 때까지
더 깊이 웅크려 살게 하소서
　　- 허상욱 제4 시집 "너 내가 시집보내줄게"에서

"조충평판(助忠評判)"이란 말은 성경의 말은 아닙니다.

얼마 전 동료 상담학 강연을 들으러 간 적이 있습니다. 그곳에서 강사가 그날 핵심이라도 되는 양 유독 그 단어에 목소리를 높였기에 그 조충평판이란 단어를 나는 잘 기억하고 있습니다.

그러나 강의 자리에서 그 단어의 앞에 두어야 할 것이 무엇인가를 알려주려는 사람은 없었습니다. 조충평판이라는 단어 앞에 먼저 생각해 보아야 할 게 있는 걸 아는 사람이 그 자리에 하나도 없었던 걸까요?

하나님을 믿는 사람 그것도 옳게 믿는 사람이 단 한 사람이라도 있었다면, 예수님이 이 세상에 온 목적을 아는 사람이 있었다면 그 조충평판이란 말은 그저 빛 좋은 개살구나 다름 아닌 거였던 것입니다.

조언하지 말기.
충고하지 말기.

평가하지 말기.
판단하지 말기.
아주 좋은 말입니다. 그러나 그 말 앞에 하나 가 곁들여져야 그 네 가지 명령은 이행될 수 있다고 생각합니다. 완성될 수 있다는 생각을 합니다.
'나는 죄인입니다.'
그래야만 그 조충평판이 완성됩니다. 되려 일부러 애쓰지 않아도 저절로 이행될 수 있습니다.

내가 8년째 운영하고 있는 사업장에는 여러 유형의 사람들이 십수 명 근무합니다.
일들도 열심히 하고 마음씨도 곱습니다. 그러나 간혹 내 맘을 아프게 하는 직원도 없지는 않습니다. 현재 근무하는 직원 중 남직원 하나는 어떻게 말할 수가 없을 정도로 나와 업장을 힘들게 합니다.

얽혀 있는 다양한 이해관계 때문에 쉽게 퇴사 처리도 할 수 없습니다. 과감하게 해고를 하자면 못 할 것도 없겠으나 같은 시각장애를 가진 사람으로서 가진 어려움 또한 묵인할 수 없는 게 퇴사를 권유하지 못하는 이유가 됩니다.
달래도 보고 화도 내 보고 심지어는 협박조로 위협도 해 보앉습니다. 그러면 잠시 잠깐 좋아지는 듯하다가 원래대로 돌아가는 것 또한 순식간이었습니다. 어떻게 말할 수 없는 난감한 직원입니다.

그러다가 그 문제를 고심하던 오늘 새벽에는 이런 생각을 합니다.

내가 그 직원을 대하는 자세에 문제가 있는 게 아닐까. 그냥 세상 사람들과 똑같이 조언하지 않기, 충고하지 않기, 평가하지 않기, 판단하지 않기를 힘쓰며 그 직원을 대하고 있는 게 아닐까.

그렇게 생각하니 모든 게 맞아떨어지는 것이었습니다. 그러니까 선행되어져야 할 것도 당연히 떠오릅니다.

'나는 죄인입니다.'

바로 그거였습니다. 그렇게 묵상하던 중에 하나님의 음성도 들려옵니다.

'그가 네 형제거나 아들이면 어떻게 하겠느냐?'

오! 주여, 주님은 분명 내 안에 계신 게 분명합니다. 오늘은 내가 남을 심판하고 판단하는 행위에서 타인을 위로하고 어루만져 그 심령에 상한 걸 치료하는 사람이 되게 하시는 걸 봅니다. 그렇게 하실 걸 나는 믿습니다.

율법으로 점철되어 가는 이 세상에서
그리스도를 체험하고
스스로 죄인 되어 먼저 낮추는
삶으로 전환되어지는 이 새벽,
더 없는 감격의 눈물로
감사의 기도를 드립니다.
아멘.

종처럼
아들처럼

어릴 적 우리 집과 이웃했던 명길이 형네 아버지가 양자였던 걸 아는 사람은 많지 않습니다. 당시 시골교회 목사였던 명길이 형네 할아버지께서는 아들이 하나 있었는데, 그 아들이 죽고 나서 집에 있던 머슴이 성실하기도 하여 양자로 삼으신 것이라고 했습니다. 그래서 명길이 형네 아버지는 일개 머슴에서 아들로 신분이 격상된 것입니다.

내가 국민학교 6학년 무렵 서울로 전학 오기 전까지 기억하고 있는 것은 그 가정이 무척 화목해 보였다는 것입니다. 명길이 경미 우영이 수경이 이렇게 사 남매가 어머니 할머니까지 해서 모두 일곱 식구였는데, 내가 3학년 무렵 집을 새로 짓고 정말 단란한 가정을 꾸미고 살고 있었던 것을 기억합니다.

당시 명길이 형네 아버지는 항상 지게를 지고 있는 모습이라든가 손에 낫이며 괭이 같은 농기구들이 항상 들려있는 것이었습니다. 아마 양자가 되고 나서도 그 머슴의 자세를 고수하고 계셨던 모양입니다. 그러면서도 항상 얼굴에는 웃음이 만연해 있는 행복한 표정이었습니다.

오늘 어느 목사님 설교에서는 종의 신분에서 아들로 바뀐 우리의 은혜를 믿어야 한다고 말씀하십니다. 구약에서 신약으로 약속한 하나님의 사랑을 믿어야 한다고 하십니다. 예수로 인하여 우리는 하나님의 양자가 된 것이기 때문이라는 것입니다.

종의 신분으로 일하는 마음과 아들이 일하는 마음은 다른 것이어서 그 행위에서의 기쁨은 다르게 나타난다고 했습니다. 그러다 보니 명길이 형네 아버지의 기쁨이 보이는 듯도 했습니다.

율법으로 묶인 구약의 믿음은 완벽한 것이 아니어서 늘 두려울 수밖에 없다고 했습니다.

정시에 일어나고 주는 밥만 먹어야 하고 주인의 필요에 의해 잠도 자야 하는 모습이 마치 종의 모습과 똑같습니다. 그러나, 지금은 내가 주님의 양자가 되어 아들의 신분으로 일을 합니다. 전에 종의 신분으로 일하던 때와는 완전히 다릅니다. 일을 하더라도 내일이며 내 가족의 일이라서 즐거울 수밖에 없는 것입니다. 그렇게 자신의 삶의 질이 달라졌던 것입니다.

한편으로 손양원 목사님도 생각납니다. 자식을 죽인 이를 양자삼아 목사가 되게한...
하나님의 놀라운 은혜를 덧입지 않으면 어찌 그런 역사가 일어날 수 있을까요. 아들을 죽여서라도 죄인 된 우리를 구원하신 아버지 하나님의 놀라운 은혜를 체험하지 못하면 어떻게 그런 기적 같은 일을 행할 수 있을까요.

그러다 보니 예수님은 스스로 포도나무라 하신 성경의 말씀도 떠오릅니다. 내가 그 나무에 접 붙은 상황이 바로 양자 된 모습과 흡사합니다. 그리하여 나는 그 가지로써 그 포도나무에 잘 붙어 있기만 하면 되는 그 은혜를 생각합니다. 이제부터 내가 살면서 고백할 것은 나처럼 부족한 사람을 양자 삼으신 그 하나님의 사랑 외에 또 무엇이 있을까 생각합니다.
"믿음으로는 아들처럼 행위로는 종처럼" 해야 할 삶의 목표도 정해집니다. '영원한 것은 없다.'던 과거의 고백에서 '영원한 것은 주님뿐이다.'로 정정하여 고백합니다.

종려주일과 탈모샴푸

"마리아가 매우 값진 감송 향유 한 리트라를 가지고 와서 예수의 발에 붓고 자기의 머리카락으로 그의 발을 닦으니, 그 집이 향유 냄새로 가득 차더라."

(요한복음 12장 3절)

지난 주일은 종려주일이었습니다.

강단 말씀에 마리아는 값비싼 향유를 예수님의 발에 붓고 자신의 머리카락을 풀어 그의 발을 닦았다고 했습니다. 이 말씀에서 나는 두 가지 이유로 나를 돌아보는 시간을 갖습니다.

첫째는, 향유였습니다. 성경에는 300데나리온이나 한다고 했는데, 당시 성인 남자의 품삯이 1데나리온이라 했으니 그

향유의 가치는 말하지 않아도 어떨 것이라 짐작해 봅니다.

그토록 값비싼 향유라면 응당 머리에 부어져야 했을 것이건만 마리아는 예수님의 발치를 씻어 내는데 그 비싼 향유를 사용하였습니다. 그녀는 자기의 향유가 예수님의 발치를 씻어 내는 데에 만족했다는 것입니다. 그의 낮아진 성품이 드러나는 부분입니다.

그러한 부분은 내가 성경에서 베드로나 요한과 같은 인물들보다 삭게오나 이 마리아 같은 낮은 데 있는 사람들에게 더 많은 감동을 받는 이유입니다. 그들이 입으로가 아닌 행동으로 보여주는 그 행실로 나는 더 큰 감동을 받지 않을 수 없는 것입니다.

둘째는, 머리를 풀어 예수님의 발을 닦았다는 부분입니다.

설교 말씀에서도 언급되었다시피 머리를 풀었다는 것은 우리나라에서도 그렇거니와 스스로 죄인임을 시인하는 행위인 것이라 했습니다. 죄인들을 압송할 때 머리를 푸는 것이 그 이유입니다. 더욱이 스스로 죄인임을 안다는 것은 우리의 삶에서 아주 중요합니다.

내가 죄인임을 알아야 죄 사함을 받을 수 있는 것이기에 이것은 내가 하나님을 믿는 궁극적인 구원과도 상통하는 문제입니다. 그렇게 배웠습니다.

내가 천국에 이르려면 먼저 내 죄 사함을 받아야 하므로 죄가 무엇인지 알아야 하는 순서가 우선되어져야 하는 것입니다.

아침에 머리를 감다 보니 수건에 빠진 머리카락이 여러 개 느껴집니다. 마흔이 넘어가면서 머리카락이 조금씩 빠져가고 있습니다. 앞머리가 M자로 자꾸 치켜 올라갑니다.
오늘은 닦을 예수님의 발을 생각하며 효과 좋은 탈모 샴푸를 하나 주문해야겠다고 생각합니다.

국힘당보다 민주당보다 예쁘당

정치 문제는 교회에서나 직장에서 아주 민감하고도 골치 아픈 화제인 것 같습니다. 먼저 저희 업장에서도 보수파 지지와 진보파 지지가 확연히 갈라져 가끔 목소리를 높여 다툴 때가 있습니다.

저도 직접 언급하기는 그렇지만 두 유형의 하나를 지지하고 있으며 상대 진영을 대체로 이해하기 힘듭니다. 명명백백 증거가 드러나 있어서 잘못된 것이 분명하므로 그 상대의 행동들이 이해가 되어지지 않습니다. 소위 내로남불이라는 신종 유행어까지 언급해야 할 일들도 아무렇지 않게 저지르기도 합니다.

과거를 들춰보고 앞일을 미리 연상해 봐도 그 당을 지지할 이유가 전혀 없어 보입니다. 자신의 생각이 잘못되었다는 걸 일깨워 회심을 하게 하는 게 나의 소명으로 보여질 정도입니다. 그리고 가끔은 소기의 결실도 있었습니다. 진짜 그들이 모르고 있는 자신당의 부조리를 들출 때는 짜릿한 쾌감도 느낄 때도 있었던 것입니다.

그런데, 어떻게 된 일인지 그 상대 당 지지자들도 똑같은 생각이라는 것입니다. 내가 모르고 있는 자기 당의 합당한 이유와 우리 당의 부조리를 낱낱 꿰고 있는 것입니다. 내가 말한 적 있던 내로남불이라는 단어도 사용할 때도 있고 미리 짐작해서 말한 부분은 어김없이 짚고 넘어갑니다.

그러면 나는 그 행태들이 또 보기 싫어 그들이 말한 부분이 맞는지 인터넷을 찾고 여기저기 전화를 하고 그럽니다. 이러한 일들이 반복되면 본래의 취지는 퇴색되고 서로 싸움만 남는 희한한 일을 경험하게 됩니다. 싸워서 이길 때도 개운한 느낌보다는 왠지 찜찜한 기분을 떨칠 수가 없습니다.

오늘 새벽도 어느 목사님의 강해 설교를 듣습니다.
말씀 중에 '악을 악으로 갚지 말라. 선으로 악을 이기라.' 라는 말씀이 선포됩니다. 그 말씀이 은혜롭습니다. 그리고 덧붙이기를 악으로 악을 갚는 것은 사탄의 덫에 걸리는 것이라 했습니다. 결국 남을 미워하는 마음만 남게 만드는 것이며 사탄이 원하는 일에 동참하는 것이라 했습니다.

사단의 계략이었던 것입니다. 사실 그들이 악은 아니건만 무슨 연유로 이렇게 다툼을 하게 된 것인지 이제 알게 되었습니다. 그들을 악처럼 보이게 하려는 사단의 흉계였던 것입니다.

이제 깨닫습니다. 그들이 악으로 보일지라도 결코 악으로 보아선 안 되는 것을. 곳곳에 사탄의 덫이 산재해 있는 세상, 이제 그 덫이 누구의 계략임을 알게 되었으므로 나는 그 덫을 피할 것에 골몰해야 할 것입니다. 그리고 그것을 위해 기도해야 할 것입니다.

로마서 12장 20절에는 '그러니 원수가 배고파하면 먹을 것을 주고 목말라하면 마실 것을 주십시오. 그렇게 하면 그의 머리에 숯불을 쌓아 놓는 셈이 될 것입니다.'라고 무서운 말도 했습니다.

"오, 주여! 이제 그 숯불이 내 머리 위에 쌓이지 않기를 기도하나이다."

여동생 세인이는 경남 고성에서 다육이 농장을 합니다. 지난 토요일에 내가 있는 대전을 다녀가면서 다육이 화분을 몇 개 내려놓고 갔습니다.

이 다육이 화분에는 그 좁은 화분 안에 올망졸망한 것들이 서로 다투지도 않고 잘도 들어차 있습니다. 서로 비비적거리기만 하면 싸우는 사람들과 아주 대조적입니다.

　이 다육이 화분을 사진을 찍어 페이스북 타임라인에 게시를 했더니 절친이신 길 땡땡 여사님께서 '예쁘당' 하고 댓글을 달았습니다. 예쁘당! 그보다 적절한 표현을 찾을 수가 없습니다.

　국힘당보다 민주당보다 예쁘당 정말 좋은 당입니다.

내 얼굴의 남은 그늘을
지울 수 있도록

내 기도가 열린 곳은 항상 새벽이었습니다.

두 손 모아 눈 감으면 안개는 돌아와 이 어둠의 끝자락 즈음에 와서 발치께 소복소복 쌓입니다. 밤과 낮을 사이에 두고 당신 빛으로 나타나실 때 나는 비로소 검은 빛깔의 밤도 지워지는 것을 봅니다. 차마 하얀 빛깔의 안개도 지워지는 걸 봅니다.

어둠도 짙어지면 안개처럼 흥건하여 세상은 희게 변하였습니다. 그러나 지난밤의 두려움을 완벽히 지울 수는 없었습니다. 이 어둠의 끝자락에서 당신이 마련해 온 투명한 불빛만이 세상을 열어 보입니다. 그렇게 하루를 내어 주십니다.

나는 그 길목으로 한 걸음 조심스럽게 내디딜 뿐입니다.

그 빛을 알아보는 순간 이내 나는 몸 안의 빛을 다 쓰려고 한 걸음 나아가는 모습이 됩니다. 등불을 치켜들고 마중 나가는 마음으로 얼굴을 듭니다. 환한 내 얼굴이 보일 수 있도록 모은 두 손 높이 올립니다.
당신이 내 얼굴의 남은 그늘을 지울 수 있도록

내 기도의 어떠한 수식도 삭제하시는 이여!
나는 오늘에야 얇은 혀의 동작과 쓸모없는 치장들을 자랑하지 않기로 합니다. 그저 한쪽 방향으로만 뻗어가는 몰입의 감정으로 감동의 시간을 흥얼거리기로 합니다. 이 기도는 무엇을 추구하기보다는 묶여 있던 감정을 내려놓으려고 당신께 온전히 드리는 하나의 제사가 되기 때문입니다.

당신은 늘 가까운 곳에 계셔서 내 표정까지 차분히 살피시는 줄 압니다. 이런 신새벽 당신께 쓸모없는 손을 내밀며 간곡히 엎드려 봅니다. 나는 지난밤 폭풍에 쓰러진 아픈 이야기 하나가 됩니다. 당신은 이런 내 손을 잡아 다시 일으키실 것을 믿습니다.
이내 온전케 하실 줄 나는 압니다.

기도만으로 찬양만으로 당신을 기쁘게 할 수 없다는 것도 나는 압니다.

그 허공을 딛고 일어서기 위해서는 어떤 동작을 해야 하는지 또한 다 짐작할 수도 없습니다. 다만 내 몸짓이 노래가 되고 내 일상이 기도가 되길 원할 뿐입니다. 나의 기억들은 그런 은혜의 충만으로 움직이는 동작으로 멈추고 싶습니다.

지금은 어디로 걸어간다기보다 아직 웅크려 있는 초가와 같습니다. 당신께서는 어디론가 길을 선뜻 내어 주셨으나 나는 그 길을 똑바로 내다볼 수 없기 때문입니다. 아직 혼몽한 꿈속과 현실을 구분할 수 없는 나는 이렇게 엎드려 있는 모습이 가장 적합한 모양입니다. 혼자서 웅크려 우는 아이의 모습과 닮았습니다.

나는 구부러진 골목을 성급히 뛰어갈 수 없습니다. 천천히 걸어가야 합니다. 내 호흡이 그렇습니다. 어설픈 시력이 그렇습니다. 멀리 보는것 보다 가까운 것만 보아야 합니다. 당신은 오늘만큼의 기도와 오늘만큼의 찬양과 그리고 오늘치의 나아갈 길의 길이를 열어 놓으셨기 때문입니다.

이토록 당신은 나를 한 걸음씩 완성하십니다.

상욱아, 네가 지금 어디 있느냐

해외여행을 하다가 같은 나라 사람을 만나면 무척 반갑습니다.

여행 목적에서부터 시작하여 한참 이야기꽃을 피우기도 합니다. 정치 이념도 사는 지역도 학벌도 나이도 상관할 필요가 없습니다. 여행 중 맛있게 먹었던 음식점을 꼭 한번 가보라고 권하기도 합니다.

모르는 사람인데도 식사 자리에 초대를 하고 여행 중에 있었던 일을 이야기하기도 합니다. 간혹 식사비를 대신 내주기도 하고 남은 여행길을 응원하기도 합니다. 다시 제 갈 길을 가야 하는 이유이기도 하겠지만 본국으로 돌아가면 행여 또 만날 수도 있지 않을까 싶어서가 아닐까요?

그토록 여행은 사람들이 평소 가지고 있던 습관이나 언행

들을 다소 바꾸어 놓기도 하는가 봅니다.

유행가 가사 중에 "인생은"으로 시작되는 노래가 두 곡 있습니다.
하나는 "미완성"이라는 가사로 그 줄이 이어지고, 또 하나는 "나그넷길"이라는 가사로 줄이 이어지는 노래입니다.
나는 이 두 노래가 어쩌면 저렇게 성경적일까 생각을 합니다.

첫째,
인생은 나그넷길입니다. 결국 그 여행이 끝나갈 무렵에 되어서야 알게 될 일이겠으나 인생은 나그네란 표현은 정말 딱 맞는 표현이 아닐 수 없습니다.
땅거미 어둑해 오는 저녁 동구 밖으로 누구야! 밥 먹어라.라고 소리치는 엄마를 연상하게 됩니다. 그래서 형제도 부모도 직장 동료도 혹은 길 가다 마주친 사람도 인생은 나그넷길이라는 걸 생각하면 반갑지 않은 사람이 하나도 없을 것 같습니다.
천국을 소원하는 내가 잠시 들르러 온 이 세상에서 찌푸린 낯으로 살 이유가 하나도 없어 보입니다.

둘째로 인생은 미완성입니다.

무엇 하나 완벽한 게 없는 이 몸이 무얼 자랑하며 무얼 부끄러워하겠습니까. 오직 주님만이 완성체시며 내 인생의 목적입니다.

또 내가 어떤 것을 하려 하면 사실 내 맘대로 되는 게 몇 가지나 있을까 생각하면 그 답은 더 명확해 집니다.

나를 완성하는 건 주님뿐입니다. 주님 가신 발자취를 뒤따르는 게 나의 할 일이며 나의 위안입니다.

성경 말씀 중 가끔 내게 들려오는 음성이 있습니다.

창세기 3장 9절에 '아담아, 네가 어디 있느냐?'라는 구절입니다. 그 음성은 한결같이 전에도 지금도 들려오는 데, 내가 슬플 때나 기쁠 때나 일하고 있을 때나 잠자고 있을 때나 밥을 먹을 때나 혹은 용변을 볼 때도 들려옵니다.

나는 길 잃은 양과 같고 미완성의 모습이라는 걸 알기에 그리고 내가 벗었으므로 숨어 있지 않고 "주여 내가 여기 있나이다."라고 오늘 또 조심스레 말해 봅니다.

말씀

말씀은 내가 태어나기 전부터 말씀이어서
말씀은 혀처럼 놀리는 이를 싫어한다.
말씀은 언어의 순리를 고집하지 않으며 그 규칙도
      따르지 않는다.
말씀은 자기 위의 말씀을 두지 않는다.

말씀은 능력으로 보여진다 그래서
말씀은 문자와 다르게 사람의 영혼을 가둔다.
말씀은 그 크기로 영향력을 가지지 않으며
말씀은 누구에게나 들리지 않는다. 귀도 없는 이가 있으니까.

말씀은 밀도가 높아서 그걸 믿는 사람은 누구나 그 속에서 숨을 쉴 수 있다.
말씀은 언어와 비슷할 때가 있어서 사람을 다양하게 한다.
말씀은 셋 중 하나이기도 하며 그 자체가 되기도 한다.
말씀은 모든 것의 기원이 된다. 오래전부터

말씀은 하늘보다 넓다 그래서
말씀은 누구의 머리로도 가늠할 수 없다.
말씀은 시간을 보여주지 않는다 다만 짐작케 할 뿐이다.
말씀은 시간을 초월하지만 그 시간을 간섭하지 않는다.

말씀은 요람처럼 쉬게 하기도 한다 또한 흔들어 깨울 것이므로
말씀은 들으려 하는 이들에게 이미 말씀으로 전해져 있다.
말씀은 문제가 되기도 답이 되기도 한다.
말씀은 무엇이든 알려 주지 않을 때가 있다
　　미리 알려 주었으니까.

말씀은 모든 사람에게 똑같은 크기로 똑같은 색깔로
　　보여지지 않는다. 그래서
말씀은 공명하다 정대하다.
말씀은 시간을 공간을 초월하기 때문에 어디서든
　　들을 수 있다.

말씀은 누구도 만질 수 없지만 누구나 만족할 수 있다.

말씀은 그 자체로 사랑이 소망이 믿음이 되기도 한다.
말씀은 믿는 이들을 간섭하지만
      믿지 않는 이들은 간섭하지 않는다.
말씀은 질문을 원하는 이에게 질문이 되기도 하고
      답을 원하는 이들에게 답이 되기도 한다. 그래서
말씀은 답이자 질문이 되기도 한다.

말씀은 목화솜보다 부드럽지만
      스스로 흡수력을 가지지는 않는다.
말씀은 말씀 안에 존재하기도 한다.
      그래야만 들을 수 있는 이도 있어서
말씀은 간구하는 이의 제목이 되기도 한다.
말씀은 세상의 말씀과 다르기 때문에
      믿는 사람만이 구별할 수 있다.

말씀은 원하는 것을 반대로 답할 때도 있다. 그래서
말씀은 말씀으로 구별된다.
말씀은 한결같아서 가장 오래 들을 수 있다. 그리고
말씀은 무엇보다 공평하다.

2부

우리말 중 "괜찮다."라는 말이 있습니다.

나는 이 괜찮다라는 말이 아프리카의 하쿠나마타타보다 훨씬 좋은 말이라고 생각합니다. 그리고 나와 상대에게 따뜻한 감정을 동시에 전한다는데 그 활용도가 우월하다고 생각합니다.

"괜찮다"

그 말 정말 괜찮은 것 같습니다.

앞으로 많이 애용해 보아야 할 것 같습니다.

환장하겠네
돌아버리겠네

오늘 영화 〈철의 여인〉에서의 대사 일부가 머릿속 깊숙이 새겨집니다.

> 생각을 조심하라. 말이 된다.
> 말을 조심하라. 행동이 된다.
> 행동을 조심하라. 습관이 된다.
> 습관을 조심하라. 성격이 된다.
> 그리고 성격을 조심하라. 운명이 될 테니까.
> 무언가를 생각하면 우리는 그 생각대로 된다.
>
> (출처 네이버)

자살률이라는 게 있습니다. 10만 명당 자살하는 사람의 비율을 말하는 것으로 세계 보건기구(WHO)에서는 매년 국가별 자살률을 발표하고 있습니다.

그런데 한국인의 자살 순위가 전 세계 1위라고 합니다. 그것도 상당 기간을 두고 부동적이라 합니다. 자살 공화국이라는 오명을 듣고 있을 정도로 우리나라의 자살 문제는 이토록 심각합니다.

철의 여인에서 나온 위의 대사와 자살과 무슨 연관이 있을까 싶겠으나 실제 우리나라 사람들이 버릇처럼 하는 말 중에 죽겠네. 죽을래? 죽고 싶다. 죽고 싶냐? 등과 같은 단어들이 많은 건 사실입니다. 또 그 부정적인 단어를 긍정적인 상황에 쓸 때도 있습니다. 예를 들면, 좋아 죽겠어. 죽여주는데! 저러다 숨넘어가겠네. 이처럼 "죽음"이란 단어를 의식적 혹은 무의식적으로 우리는 난발합니다.

영화에서 나온 저 공식이 사람의 삶에 얼마만큼의 영향력을 가졌으며 실제와 또 얼만큼의 연관성이 있는가는 고심해 볼 필요가 있어 보입니다. 이미 통계적으로 우리나라 사람들이 흔히 쓰는 말과 자살률은 서로 상응하고 있기 때문입니다.

그리고 우리나라만큼 죽었다.라는 표현을 다양하게 사용하는 나라도 또한 없습니다.

이를테면, 돌아가셨다, 뻗었다, 저승 갔다, 할아버지가 데리고 갔다, 골로 갔다, 밥숟갈 놨다, 식은방귀 뀌었다, 병풍 뒤에서 향불 맡고 계신다, 수면제 30알 먹었다, 어제 샤워기 꼭지에다가 스타킹 묶었다... 그 표현 방법이 한도 끝도 없습니다.

또 이런 일도 있습니다.
미치겠네, 미친놈, 미친년, 미친 거 아냐? 라는 말도 그렇습니다. 그 증거로 제 주변에 보면 경하거나 중하거나 하는 정신과 증상으로 그 정신과 약을 처방받는 사람들이 여럿 있습니다.
과연 그 입버릇처럼 하던 데로 되어가고 있는 것입니다. 그리고 그들은 말합니다. 제정신으로 사는 사람들이 되레 대단한 거 같다고...

또 우리나라는 총기 관리를 다른 나라에 비해 엄중히 하고 있습니다. 대체로 성인 남성의 경우 군필자이므로 모두 총을 쏠 수 있는 능력이 되는 게 우리나라의 현실입니다.
미국의 10%도 안 되는 것에 비하면 상대로 대조적인 비율입니다.
그 저조한 비율로도 매년 총기 사고로 발생하는 사건들은 상당합니다. 그렇다면 우리나라에 총기 법이 완화된다면 얼마나 많은 사건 사고들이 발생할까요. 우리나라 같은 경우 다분히 충동적인 성격을 생각하면 정말 어마무시한 일이 상상되어 소름이 끼칠 정도입니다.

그 비율은 실제 연상되어질 것과 무관하지 않다고 봅니다. 흔히 우리가 유행어처럼 하는 말 중에
'오늘은 내가 쏜다.'
라는 말이 있기 때문입니다. 좀 우스운 얘기일지 모르지만 충동적인 것에는 공통점이 없지 않아 보입니다. 그 '쏜다'라는 말도 쓰지 말아야 할 것으로 보여집니다.

한편으론 요즘 젊은 사람들에게서 확산되고 있는 이런 신종어도 있습니다.
개 좋아. 개 맛있네. 개 잘하는데. 개 즐거워. 개 이쁜데…
실제 사람과 살지 않고 개랑 사는 이들이 날로날로 늘어가는 게 무슨 연관이 있겠습니까마는 우리가 흔히 쓰는 말은 역시 사람들의 인생과 깊은 연관이 있는 게 분명해 보입니다.

그래서 오늘 주일 아침 주일 예배를 가다듬는 시간을 빌려 그동안 내가 써오던 언어들 중에서 좋지 않았던 습관을 찾아보기로 합니다. 물론 나에게도 무심코 쓰던 게 몇 가지 있었다는 게 드러납니다.
'환장하겠네. 돌아버리겠네.'
제가 주로 사용하는 국어사전에는 환장이라는 단어가 이렇게 나와 있습니다.

"환장(換腸) : 말이나 행동이 심하게 정상을 벗어나 제정신이 아닌 듯한 상태가 되는 것. 아등바등 살라고 모두 환장 속인데, 사람들이 돌아온다고 좋겠나? 생 도둑놈 같으니, 돈에 환장을 했나."

내장을 바꾸다 혹은 장을 뒤집다와 같은 용어로 풀이할 수 있는 저 단어가 내 인생에 아직은 어떠한 영향을 미친 것은 아닙니다. 그렇지만 오늘부터 저 '환장하겠네.'는 필히 사용하지 않아야 할 문장으로 보여집니다. 진짜 환장한 사람으로 보여지지 않으려면…

반갑습니다.
감사합니다.
고맙습니다.
사랑합니다.
잘했습니다.
다음에 또 봐요.

이렇게 우선 다섯 가지를 먼저 써놓고 반복해서 읽어 봅니다.
지금은 9시 50분입니다.
교회 갈 준비를 어서 서둘러야겠습니다.
감사합니다. 다음에 또 봐요.

고구마
밥

어릴 적 우리 집은 가난했습니다.

국민학교 3학년 때 마을로 이사할 때까지 전깃불도 들어오지 않는 깊은 산골 외딴집에 살았습니다. 농사는 밭농사 몇 마지기가 전부였고, 그나마도 산비탈 옆구리를 개간하여 만든 척박한 박토였습니다. 그러다 보니 학교 갈 때 싸가지고 다니는 도시락도 형편없을 수밖에 없었습니다.

급우들은 계란이나 멸치 같은 걸 반찬으로 싸 오고 벌써 소세지나 햄 등을 가져오는 아이도 있었습니다. 내 도시락은 열어보기 창피할 정도로 형편없었습니다. 고구마를 깍두기 모양으로 썰어 밥을 한 도시락을 학교에 가져가야 할 때가 자주 있었기 때문입니다. 쌀이 부족해서 그런 거였습니다.

그러던 어느 날, 그 고구마 도시락을 막 먹으려 할 때 옆자리 짝꿍이 나랑 도시락을 바꾸어 먹자고 그랬습니다.

아주 잘 사는 양계장 집 아들이었습니다. 나는 창피해서 머뭇거릴 수밖에 없었습니다. 그러나 친구는 서슴없이 내 도시락을 빼앗다시피 가져다 먹었습니다. 아주 맛있게 먹기 시작하는 거였습니다.

그리고 계란말이 반찬을 내게 주며 흰 쌀밥 도시락도 내게 밀어 놓는 거였습니다. 우리 집에도 계란은 있었지만 가끔 보리쌀 항아리에 숨겨두고 몇 개씩 꺼내어 계란찜을 한다던가 국을 끓일 때 한 두어 개 풀어 사용하는 귀한 것이었습니다. 이렇게 도시락의 계란말이를 한다던가 장조림을 하는 건 구경조차 해본 일이 없었던 겁니다.

그런데, 그 친구가 어른이 되어 하는 말이 내가 많이 부러웠다고 했습니다. 간식으로나 먹는 고구마를 거의 매일같이 먹는 내가 부러웠다고 했습니다. 그리고 자기는 계란말이가 징글맞도록 싫었다고 합니다. 세상에나, 소풍 때 싸가지고 오는 닭튀김도 몰래 버리고 싶었을 정도였다고 합니다.

나는 치킨을 서울에 올라와 중학교 1학년이 되어 처음 먹어봤습니다. 그것도 엄마와 동생 그리고 나 이렇게 셋이서 반 마리만 튀겨다 나누어 먹은 게 전부입니다.

오늘 아침 어떤 목사님 인터넷 설교가 은혜롭습니다.

"평소 살아온 것이 말과 행동으로 나타나게 됩니다."

지금 하루 매출로 치킨을 사자면 수백 마리는 살 수 있습니다. 그러나 아직도 닭튀김은 내 입맛에 맞지 않습니다. 과거 고구마를 먹으며 가난하게 살던 생활 습관은 그런 입맛을 만들지 않았던 것입니다.

설교를 계속 듣다 보니 이런 말씀도 나옵니다.

"내 안에 어떤 분을 모셨는가에 따라 그 성품이 드러나나니..."

그 말씀에 어릴 적 "탄일종이 땡땡땡, 찬송을 부르던 시골 교회가 문뜩 생각나는 것이었습니다. 오랫동안 하나님 아버지를 떠나 있던 중에도 그 탄일종은 땡땡땡! 내 안에서 계속해서 울리고 있던 것입니다.

예전에는 교회 다닌다는 말을 잘하지 못했습니다. 왠지 창피한 생각이 들어서였습니다. 마치 내가 싸가지고 다니던 고구마밥 같은 생각이 들었던 것입니다. 지금은 그렇지 않습니다. 주님은 내가 하나밖에 없는 자랑이십니다.

너는 어디에 속하였느냐?

사촌 완영이 형은 농사꾼입니다.

어릴 적 형은 고욤나무 가지를 여러 개 꺾어 산 비탈 가까운 우리 밭 근처 여러 곳에 꽂아두었습니다.

여름이 되고 그 꽂아둔 가지에서 싹이 오를 무렵 형은 과감히 윗동을 잘라 버리고 그 자리에 또 무슨 가지를 묶어 두었습니다. 내가 국민학교 3학년 가을이 되었을 때 그 나무는 무럭무럭 자라서 내 키도 넘게 커져 있었습니다. 감을 여러 개 매달고 있어서 그 나무가 감나무였다는 걸 알 수 있었습니다.

튼튼한 뿌리를 얻기 위해 감나무 가지를 고욤나무 줄기에 접붙이기한 것입니다. 외래종인 당시 대접감이란 종자는 우리 토양에서 직접 뿌리를 내릴 수가 없었던 것입니다.

오늘 주일 강단 말씀이 은혜롭습니다.

'맺은 열매로 네가 어디 속하였는지 알게 될 것이다.'

개머루나 담쟁이 덩굴의 잎새는 포도나무 잎과 매우 흡사합니다. 되려 포도잎보다 개머루의 잎과 담쟁이 잎은 더 윤기가 나고 줄기도 질겨 멀리 뻗어가기도 합니다. 다만 열린 열매는 확연합니다.

오늘 교회 식당에서 점심 식사를 하고 나서 K와 Y에게 질문을 했습니다.

"복음이 무엇일까?"

나 역시도 어떤 답변을 들으려 한 질문이 아니었고 두 성도 역시도 한마디로 정의가 내려지지 않았으므로 한참 동안을 아무런 말도 하지 않고 있었습니다.

"크게 신경 쓸 필요 없어. 너희들에게 답변을 원한 건 아니야. 오늘 말씀 중에 이런 말씀이 있더라. '너는 어디에 속하였느냐?'라고 하신 강단 말씀이 오늘 말씀의 핵심이었던 것 같아. 나를 천국으로 이끄는 말씀 그것이 복음이 아닐까? 싶어. 내가 어떤 상황에 이르렀든지 오늘 말씀, "너는 어디에 속하였느냐?"를 스스로에게 질문할 수 있으면 오늘 들은 말씀이 복음이었다는 걸 알 수 있을 것 같다는 생각이 들어. 슬픈 일이나 힘든 일을 만나면 오늘 강단 말씀을 입으로 되뇌어 보는 건 어떨까, 책상에 적어두고 자주자주 읽었으면 좋겠어. 나도 그럴 거거든."

후쿠시마 원자력 발전소의 오염수를 방류할 때가 임박했다고 뉴스에서 자꾸 나옵니다. 일본 사람들 역시도 어떤 해결책이 없었으므로 그렇게밖에 할 수 없었을 것이라 생각하지만 정말 안타까운 일이 아닐 수 없습니다.

과거 일본에 지진 사태가 터지던 해, 우리 믿는 사람들은 '봐라! 하나님을 믿지 않으니 저렇게 하나님께서 징벌하시지 않느냐?'라고 말하는 성도가 많았던 것으로 압니다. 나는 그렇지 않다고 봅니다.

믿지 않는 일본 사람들을 징벌하기 위한 것이 아니라 우리 믿는 이들에게 사건을 통하여 무언가 보여주려는 것을 의미하는 징후라고 봅니다.

그처럼 크고 작은 사건들이 생겨날 때마다 하나님이 하시려는 이유를 찾아야 한다고 생각합니다. 그걸 오늘에사 깨닫습니다.

마침하여 장석주 시인의 "대추 한 알"이라는 시를 읽으며 나를 하나님의 사람으로 완성하려는 일들을 음미합니다.

시인은 대추 한 알을 들어 그 대추가 저절로 붉어질 리가 없다고 말합니다. 그 안에 태풍 몇 개, 천둥 몇 개 벼락 몇 개 심지어는 번개 몇 개가 들어 있어서 붉게 익히는 거라고 했습니다. 그리고 혼자서 둥글어질리는 없다고 하시며 그 안에 무서리 내리는 몇 밤, 땡볕 두어 달 그리고 초승달 몇 날이 들어서서 둥글게 만드는 거라고 했습니다.

맞습니다. 내 믿음 생활에서의 태풍이나 무서리나 심지어는 벼락과 번개까지 다 이유가 있었던 것입니다. 앞으로도 금전적으로나 인격적으로나 시련은 분명 찾아올 것입니다. 나를 둥그러지게 하기 위하여 붉어지게 하기 위하여 단맛이 깃들게 하기 위하여 그런 풍파는 분명 찾아올 것입니다.

그럴 때마다 나는 내가 속한 곳이 어디인가를 자주 되뇌어야 할 것입니다.

lotto

　과거 아프리카 흑인들이 자주 하는 말 중 "하쿠나마타타"라는 말이 있습니다.

　그 말의 용도를 우리말로 해석하자면 "문제없어." 혹은 "걱정할 거 없어." 정도 될 것 같습니다. 영어에서 "no problem"으로 쓰여도 좋을 것 같습니다. 그 단어와 상대적으로 우리나라에서는 "빨리빨리"가 우리 국민들에게 신조어처럼 붙어 있는 게 사실입니다.

　하쿠나마타타를 입에 달고 있는 그들의 삶을 볼 것 같으면 재래식 화장실은 물론이고 먹을 식수가 부족하여 석회질이 녹아 있는 물을 마시며 살고 있는데도 불구하고 국민 행복지수가 유럽 선진국들에 비하여 월등 높다는 것입니다. 아마도 비관적이지 않는 그들의 삶이 행복지수를 높이게 된 것이 아닐까 학자들은 보고 있습니다.

그런데 전 세계가 교통수단의 발달이라든지 산업의 혁명에 맞물려 이런 나라들에 각종 편의 시설들이 들어가기 시작합니다. 상수도 시설이 들어가고 전깃불이 켜지고 버스가 운행을 하고 에어컨이 작동하는 호텔들이 들어서기 시작합니다. 국민들은 자신들이 지금까지 누려왔던 행복이 동물과 다름 아니었다는 걸 깨닫습니다. 그래서 그들에게도 "빨리빨리 와, "많이많이"의 풍조가 싹트기 시작합니다. 더 나은 옷과 더 나은 잠자리를 위해 애쓰는 금욕주의의 시야가 확장하기 시작한 것입니다.

그런데, 매일 맛있는 음식을 먹으면서 편안한 자동차 시트에 앉아 출근을 하면서도 그들의 행복지수는 급격히 추락하기 시작하였다고 합니다.

이상한 일이 아닐 수 없습니다. 맹수 독충들을 피해 사냥을 해야만 하루 끼니를 떼울 수 있고, 높은 나무를 기어올라야만 열매 몇개를 얻을 수 있는 삶에서 배불리 먹을 수 있는 고른 식사와 안락한 잠자리가 보장된 일터가 어떻게 되려 덜 행복한 것인지를 알 수 없는 것입니다.

나는 그 이유를 최근 "로또복권"과 결부하여 찾을 수 있었습니다.

더 나은 삶이라는 숙제가 뒤따르는 그들의 삶 속에서 불확실한 희망의 꺼질듯한 불씨를 보게 된 것입니다. 직역하자면 희망(希望)이 아닌 희망(稀望)이었던 것입니다.

내 주변에도 로또를 사는 사람들이 여럿 있습니다. 물론 어떤 미래의 가능성을 바라며 적게는 몇천 원에서 많게는 수만 원의 돈을 지불하지만 그들의 생활은 그 로또를 사지 않는 사람들에 비해 행복해 보이지가 않다는 것입니다.

신앙생활을 하면서 종교 생활과 다르게 보아야 하는 이유도 거기 있습니다. 내가 주인이 되지 않고 나의 욕망 욕구가 아닌 주님의 삶 속으로 내가 온전히 녹아들어야 하는 데 촛점이 맞추어져 있어야 하는 것이었습니다. 세상 어떠한 결과물도 나의 행복과는 무관하다는 것입니다.

우리말 중 "괜찮다."라는 말이 있습니다. 나는 이 괜찮다라는 말이 아프리카의 하쿠나마타타보다 훨씬 좋은 말이라고 생각합니다. 그리고 나와 상대에게 따뜻한 감정을 동시에 전한다는데 그 활용도가 우월하다고 생각합니다.

"괜찮다"

그 말 정말 괜찮은 것 같습니다. 앞으로 많이 애용해 보아야 할 것 같습니다.

나그네
기도

주여! 아버지, 사랑합니다! 라고 고백할 때
붉어지는 저녁의 빛깔이
내 속에서는 뜨거운 태양으로 타올랐습니다.

내가 세상을 살면서 눈멀고 귀먹어 지내던 과거는
탕자가 쥐엄열매를 삼키던 비통함의 부피로
팽만해져 갔던 것입니다.

아마도
돌아갈 집을 그리워했던 것이 분명합니다.

당신 계신 천국을 내게 알려준 사람은 부자가 아니었습니다. 걸인이었다가 파지 줍는 노파였다가 노숙자였습니다. 자세히 보니 당신 닮으신 아픔 같은 것이었습니다. 내가 자고 일어나는 자리는 어제와 다르지 않았지만 당신 계신 곳이 내가 가야 할 곳인 것만은 알 수 있었습니다.

창밖으로 붉은 첨탑이 무슨 증표라도 되는 양 양팔을 벌리고 있었으므로 오늘 또 내가 이른 새벽에 기도하는 이유가 되었습니다. 나무 위에 새들이 내가 모르는 말들을 지저귀며 가지가지 제 몸집만 한 둥지를 짓고 제 가족을 길러낼 때 내 가슴속에는 한 번도 올라보지 못한 나무가 있었습니다. 당신 모습처럼 고향 집 지붕처럼 덮여 있었습니다. 그만큼 나는 당신 보이지 않는 그늘에 누워 우듬지로 잠들어 있던 것입니다.

나는 오늘 지상에 없는 길을 천국으로 보는 시간이라서 천국에 없는 길은 지상 어느 곳에서도 찾을 수 없다는 결론을 얻습니다. 더욱 세상 사람들의 익숙해진 생각으로는 바라볼 수도 없고 알려주는 사람도 하나 없었습니다. 행여 그러한 것들을 무엇이라 말하는 이들의 목소리에는 나름의 목적이 있었습니다. 식욕이라든가 성욕이라든가 또 무슨 욕심의 혀를 내밀고 나를 유혹했습니다. 한참을 나는 목적지도 없는 망망한 바다의 조각배가 되어 떠돌았던 것입니다.

구름도 해도 달도 심지어는 바람도 없는 바다였습니다. 그 마음은 항구조차 어디 있는지 모르고 부유하는 심정이었습니다. 항구가 없는 배의 항해는 목적조차 삶에 없는 대륙을 알지 못했습니다. 그러던 중 잠깐 사이에 바람 한 조각이 불어 왔다 불어 갔습니다. 그 절박한 표류의 이르러 나는 당신을 만났던 것입니다.

말씀으로 선명히 드러난 핏빛 노을의 모습이었습니다. 당신은 막 피기 시작하는 백합 같은 머리를 바짝 숙이고 등대와 같은 빛을 내게 바라는 것이었습니다. 드디어 내가 시선 둘 곳이 정해지는 순간이었습니다.

나는 당신이 발하는 빛의 방향대로
파도가 되기도 하였고
바람에 몸을 실은 구름이 되기도 했습니다.
물 위를 떠가는 꽃이 되기도 했습니다.

잠시 암초가 다가올 때도 있었으나
나는 이미 그윽한 눈 속에 사로잡힌 후였습니다.
나는 그 이후 행복하여서
세상에 밀려오던 풍파조차 잊을 수가 있었습니다.

당신만 있는 세상이라면
천국을 바라보다가 손발 묶여서 살다가
죽어도 좋겠다고 생각했습니다.
아멘.

자랑해도
돼요

자랑한다는 것은 대체로 남을 불편하게 합니다.

상대에게 비교하는 마음을 주게 되어 원만한 대화를 이끌어 나가기 힘듭니다. 또 상대방에게 교만 된 모습으로 보일 수도 있습니다. 그렇기에 "자랑하지 않기"는 확립되어야 할 우리 생활의 자세입니다.

그 자랑하지 말아야 할 것에는 다음과 같은 종류가 있습니다.

1. 많이 먹는 걸 자랑한다.
2. 힘센 걸 자랑한다.
3. 가진 재물을 자랑한다.
4. 인맥(학연, 지연, 혈연 등)을 자랑한다.

5. 과거에 잘나갔던 걸 자랑한다.

6. 배운 걸 자랑한다.

이것들은 어느 하나가 자랑의 전체가 되기도 하고 부분 부분이 연결되어 큰 덩어리를 이루기도 합니다. 저 역시도 그 범주에 벗어나지 않습니다. 일부 혹은 전체로 포함되고 있으므로 나의 헛점이 됩니다. 어느 하나를 콕 집어 말할 수는 없지만 어느 하나에서도 개운하지 않은 게 사실입니다. 노골적 혹은 은근히 저 여섯 가지 모두를 혀로 내밀며 살아왔던 것입니다.

2019년 연말에 다음 해 다짐을 미리 세우는 시간을 잠시 가진 적이 있었습니다. 아마도 그 자랑하는 모습은 내가 신앙 생활에 있어서도 업장의 오너로서의 자세에서도 바람직한 모습이 아니라는 생각이 들어서였던 것입니다. 그래서 2020년 1월 내 주변 사람들에게 '나는 올해 자랑하지 않기를 실천해 보겠다.'라고 여러 사람들에게 공표했습니다.

"주여! 내게 교만 된 마음을 거두어 주시고 남들에게 상처가 되는 말들을 버릴 수 있도록 도와 주옵소서. 더욱이 남에게 자랑하는 입을 버릴 수 있도록 주의 은혜를 덧입혀 주옵소서."

라고 기도도 하였습니다. 가급적 남들과 대화를 하는 데 있어서 조심스럽게 하려 애쓰고 말을 할 때도 여러번 생각하여 적게 말하려고 애썼습니다. 그랬더니 다소 변화도 있었습니다.

2020년이 다 갈 무렵에 대충 짐작해 보니 그 자랑하기가 대략 45.08%는 내게서 떠나간 것 같았습니다. 그래서 기왕 하는 김에 완벽해지면 좋겠다 싶어 2021년에도 내차 같은 다짐을 하였습니다.

그런데, 그뿐이었습니다. 아무리 노력을 하고 주변 아는 사람들에게 "나는 지난해 이만큼의 노력의 결과를 얻었다. 그래서 왠지 미진한 것 같아 올해 또 같은 다짐으로 한 해를 살아 보련다"라고 말을 하였으나 남은 50%는 좀체 떠나지지가 않는 것이었습니다. 되려 2021년이 다 갈 무렵에는 조금 더 늘어난 것 같기도 했습니다.

초심을 잃어서 그런 게 아닌가 싶은 생각에 내차 3년 연속 그 자랑하지 않기를 실천해 보기로 했습니다. 그런데 유독 말을 많이 해야 하는 나의 일들 때문인지 역시나 잘되어지지가 않는 것이었습니다. 그렇게 소득도 없는 시간만 자꾸 길어지고 있었던 것입니다.

반면 내 안에서는 조바심이 났습니다. 나는 세상 사람들에게 거짓말을 한 꼴이 되었습니다. 창피했습니다. 사람들이 안 보는 데서 얼래리꼴래리 놀리는 것 같았습니다.

그러던 오늘 새벽 어느 목사님 설교를 듣던 중 아주 특이한 현상을 하나 발견할 수 있었습니다. 유명 설교도 아닌 그저 밋밋한 말씀 인도에서 놀라운 것이 발견된 것입니다.

　설교 전반에 자랑하지 말라.라는 문구는 한 번도 나오지 않는 것이었습니다. 되려 자랑하라.라는 문구가 수없이 나오는 것이었습니다. 설교에 나온 순서가 아닌 내 임의대로 그 자랑을 역순으로 나열하면 다음과 같습니다.

6. 받은 은혜를 자랑하라.
5. 받을 은혜를 자랑하라.
4. 예수 그리스도와 한 몸이 된 것을 자랑하라.
3. 천국을 자랑하라.
2. 내 부족한 걸 자랑하라.
1. 내게 닥친 환란을 자랑하라.

할렐루야!
　반대쪽을 눌러 주어야 오목한 부분이 튀어나오는 공과 같은 원리였던 것입니다. 주님의 은혜는 하늘과 같아서 내 어설픈 필력으로 다 표현할 수가 없습니다. 그러니 내가 해야 할 자랑의 내용을 바꾸면 자연스럽게 해결되는 것이었습니다.

"주여!
천국을 자랑하고,
부족한 나를 자랑하고,
환란을 자랑할 수 있는 용기를
내게 주옵소서."

내가 그 안에 거하고 그가 내 안에 거하신다는 주님을 이제 믿습니다. 나의 자랑이 되고 나의 구원이 되신 하나님을 그리고 그 아들 예수님의 발걸음을 이 새벽을 빌어 찬양합니다.
아멘.

K 너는 누구인가

K 여사는 우리 가게 4년 단골입니다.

충북 괴산에 천 평 별장도 있었다 합니다. 아들은 의사라고 합니다. 또 딸은 변호사라고 합니다. 아직도 돈이 많다고 합니다. 예전 잘 나갔던 연예인 누구랑도 잘 아는 사이랍니다. 봉사활동도 많이 다닌답니다. 집에는 무슨 무슨 비싼 물건이 있다는데 글이 길어질 것 같아 다 쓰기 힘듭니다.

오늘은 어느 식당에서 무얼 먹었는데 본인은 무엇 때문에 그런 음식만 먹는다고 합니다. 그러면서 무엇 무엇은 자기 입맛에 맞지 않아 먹지 않는다고 합니다. 겨울에는 내 키 만한 코트를 들고 와 이건 따로 보관해 달라고 부탁도 합니다. 데리고 다니는 일행들은 비교적 검소합니다. 그러나 전화 통화는 요란 뻑적지근합니다. 김박사, 이원장 최교수 등등 그 면

면이 화려합니다.

  그러나, 그가 믿는다는 하나님을 자랑하는 건 한번도 본 적이 없습니다. 요즘 믿는다는 사람들의 행동을 보면 K 여사의 모습은 거의 대동소이(大同小異)합니다. 성경 로마서 8장에 '그리스도 예수 안에 있는 사람들은 정죄를 받지 않습니다.'라는 말을 그 자신들의 방식으로 해석한 것일까요?

  실상 나의 모습도 그와 다르지 않다고 고백합니다. 내가 믿는 혹은 믿는다고 믿고 있는 주님을 어디 가서 쉽게 자랑할 수가 없었던 시절이 있었던 것입니다. 한 주 동안 세상 사람과 다르지 않게 살다가 주일에는 또 가서 눈물 흘리며 회개하고 또 평일에는 또 그렇게 살고... 그런 반복된 생활이 과연 믿는 것인가, 또 구원이 나의 것은 맞는가에 대해 자신이 없었던 것입니다.

  그때 그러한 믿음의 생활에 확연한 구분을 지어준 말씀은 이것이었습니다.

  "믿는 것은 그쪽 방향을 바라보는 것입니다."라는 히브리어인지 헬라어인지를 해석한 것으로 내 믿음 생활에 있어서 적어도 과거의 믿음은 죽은 믿음으로 만든 귀한 구절이었습니다. 내가 바라보는 방향과 걸어가는 방향이 같지 않으면 내 발은 목적지에 닿을 수 없거니와 내 육신을 수렁에 빠뜨리고 마는 것이라는 생각이 들었던 것입니다. 내 신앙생활에 있어서 생각과 행동이 일치되지 않은 믿음이 어떻게 하나님을 믿는 사람이라고 볼 수 있었을까요.

믿지 않는 이들의 오욕칠정(五慾七情)은 인간의 삶을 구동하는 가장 기본적 OS(運營體制, operating system)라 볼 수 있는대, 아직도 그 시스템을 온전히 버리지 못한 나의 삶이 과연 천국으로의 발걸음을 가능하게 할 수 있는가를 의문 짓게 했던 것입니다.

그래서 내 영과 육을 끌고 가는 엔진에 점화 버튼을 누르듯 오늘 새벽 또 성경 말씀을 읽습니다.

삐걱이는 관절에 기름칠을 하듯 기도의 눈물도 흘립니다.

로마서 6장 6절에 "우리는, 우리의 옛사람이 그리스도와 함께 십자가에 달려서 죽은 것이, 죄의 몸을 멸하여서 우리가 다시는 죄의 노예가 되지 않게 하려는 것임을 압니다."라고 한 말씀도 되새깁니다.

그 K가 나였음을 자각하면서 이 글을 씁니다. 돌이켜 내 옛사람이 죽음을 아직도 믿지 않고는 죄의 몸을 멸할 수 없겠다는 말씀을 오늘 또 되새깁니다.

내 삶의 **제**네시스

우리나라 사람들 흔히 하는말 중, "차 끌다."라는 말이 있습니다.

"끌다"라고 하면 수레나 무거운 물건을 앞에서 잡아 끄는 것을 말하는 것인데 이 말은 실제 차를 운전하는 것과는 다소 맞지 않는 것 같습니다. 마치 머리를 "자르다"나 "깎다"와 같이 맞지 않는 말을 무심코 이용하는 말과 비슷한 상황이 아닌가 싶습니다. 그러나 또 이 말에서 삶의 한 부분을 눈여겨 보면 내가 끌고 가야할 것이 하나 더 늘었다는 데서 그 말도 어느정도 틀리지는 않은 것 같기도 합니다. 예를들어,

아들 민서에게 차를 한 대 사 주었더니 그 말은 더욱 확실해 집니다. 과거 버스나 지하철을 이용하여 다니던 시절에 비해 더 바빠졌다는 것입니다. 누구도 태우러 가야하고 누구 심

부름도 해야하고 과거 정시에 시간을 맞추어 살던 생활에서 차츰 러시아워에 의한 시간 약속이 어겨지는 경우가 왕왕 생겨났다는 것입니다. 그런가하면 또 아직은 학생이어서 기름 걱정에 주머니 사정은 더 어려워 졌다고 합니다. 지출이 하나 더 늘었기 때문이겠습니다.

그야말로 차를 타고 다니는 게 아니라 끌고 다니게 되었다는 것입니다.

한편, 저 어릴적 같은 동네 살던 홍땡땡이는 아버지가 배 과수원을 했습니다.

형 이름은 홍똑똑이었고 그는 아주 성실한 사람이었습니다. 홍땡땡 아버지께서는 어느날 타지에 며칠 일을 가게 되실 일이 있어 땡땡이 똑똑이 둘 다 과수원으로 불렀습니다. 그리고는 이렇게 말을했습니다. "이번 연휴 나흘동안 둘 다 이 과수원에서 일을 하도록하여라. 어떠한 일을 하든지 열심히 하도록 해라."라고 말하고는 자리를 비웠습니다.

아마 땡땡이가 고등학교를 막 들어갈 때 였던 것으로 기억됩니다.

드디어 수 일이 지나 아버지가 돌아올 때가 되었습니다.

그 때 땡땡이는 배가 담긴 괘짝을 여러개 리어커에 쌓아놓고 배를 열심히 따고 있었습니다. 아버지는 땡땡이에게 물었습니다.
"땡땡아, 일을 아주 열심히 하고 있구나 많이 힘들지?"
하고 물었습니다. 땡땡이는 대답했습니다.
"네. 많이 힘들어요. 근데 이 배 시장에 내다 팔면 돈이 되잖아요? 그걸 생각하면 하나도 힘들지 않아요. 그리고 내 몫을 챙기는 건데요. 뭘."
라고 말했습니다. 홍땡땡 아버지는 말했습니다.
"그래 알았다. 내 몫이었구나 내 몫을 가지고 가거라."
하고 땡땡이를 순순이 보내 주었습니다.

그리고 똑똑이가 있는 곳을 가 보았습니다. 똑똑이는 땡땡이와 다른 일을 하고 있었습니다.
"똑똑아, 지금 뭐하고 있느냐?"
똑똑이는 말했습니다.
"풀이 자랐길래 풀을 베어다가 퇴비를 만들고 있습니다. 옥자네서 우분하고 만술이네 계분도 가져오기로 했습니다. 아마도 내년에는 배나무에 배가 더 많이 열릴 수 있을 겁니다."
우리보다 두어살 나이가 더 먹은 똑똑이는 그 몇년 후 과수원의 주인이 되었습니다. 땡땡이는 어떻게 되었을까요? 버스

운전을 하다가 손님이 내는 요금을 자꾸 삥땅치는 버릇이 생겨 버스 회사들을 여러 곳 옮겨 다닌다는 소식을 들었을 때가 한 십여년 전 일입니다. 지금은 연락이 끊어져 무슨 일을 하고 있는지 알 수 없습니다.

아들 민서에게 야단을 좀 쳤더니 소식이 없는지가 좀 오래 되었습니다. 전화도 받지를 않습니다.

내가 가진 돈이 얼마 되지는 않아도 내가 죽고 나면 모두 자기 돈이 된다는 걸 모르는 것일까요? 경차 "모닝"은 민서가 타고 다닐 차의 최종 크기 일까요? 무척 안타깝습니다.

성경 첫 단어 태초라는 말을 히브리어로 하면 "베네시트"라고 합니다. 그걸 또 히브리어로 발음하면 "게레시츠"가 됩니다. 또 그걸 영어로 발음하면 "제네시스"가 된다고 합니다. 국산 차들중 가장 비싼 차의 이름이 되는 것입니다.

내 삶의 믿음생활에서 감동도 좋고 깨닳음도 좋겠으나 내가 주인이되고 그가 주인이 된 천국과 같이 가꾸어야할 일은 분명 있다고 생각합니다.

민서의 "모닝"이 수명이 다 되면 "제네시스"로 바꾸어 주려던 생각도 당분간 접어 두어야할 것 같습니다. 어리석은 사람에게서의 제물은 되려 독이 되는 것이기 때문입니다.

오늘의 감동이 그냥 감동으로 끝맺음지어지는 것은 미련한 땡땡이가 되는 일과 다르지 않다고 생각합니다.

내 삶의 제네시스를 위해 한 걸음씩 나아가야할 것이라 생각하며 오늘은 이 글을 씁니다.

미친 제물

주일날 우리 교회 점심은 정말 맛있습니다.

준비하시는 집사님 권사님들 어찌나 고마운지 모르겠습니다. 그 중 내가 식사 때마다 느끼는 것은 김치가 정말 맛있다는 것입니다. 저의 사업장에서도 점심을 제공하기에 우리 사업장 김치와는 비교할 수 없을 정도로 맛있습니다. 그런데 저희 가게와 교회 김치 맛의 차이가 어디서 나는지 원인을 찾으려 해도 찾을 수가 없습니다. 보관하는 냉장고를 바꿔보고 주문하는 김치 업체를 바꿔보고 그래도 우리 가게만 들어오면 이상하게 맛이 없어지는 것이었습니다. 그런데 오늘 새벽에는 어느 목사님의 인터넷 설교 말씀에 이런 말씀을 목사님이 하십니다.

"배추는 김치가 되기 위해 일곱 번을 죽어야 합니다."라고 말씀하십니다. 설교에서 일일이 말씀하시지는 않았지만 대략 열거하면 다음과 같을 것 같습니다.

밭에서 뽑혀질 때 죽고,
껍질을 까면서 배를 가르면서 죽고,
소금에 절이면서 또 죽고,
매운 고춧가루에 버무려져서 죽고,
항아리 속에서 오랜 시간에 눌려 죽고,
 얼 듯 말 듯 추위에 떨면서 죽고,
그 육신 또 접시에 오르기 위해 토막토막 잘려서 죽을 때,
그래야 비로소 김치라는 이름을 얻습니다.

반면 우리 가게에서의 김치는 어떠했는가 한번 되짚어 봅니다. 다른 것은 모두 제쳐 두고라도 보관 상태만 가지고도 죽는 건 어불성설이었던 그 김치를 생각해 봅니다.

첫째 엎드려 포복하는 모양이 아니었습니다. 배가 하늘을 보고 있었습니다.
둘째 꾹꾹! 눌러 놓지 않았습니다. 사이사이 공기가 들어차 있었을 것입니다.
셋째 덜어내고 나서는 또 원래 모양을 해 두어야 하는데 대

충 냉장고에 팽개치듯 넣어 두었습니다.
 무엇보다 다섯 번째 가장 큰 것은 이 사람 저 사람 손을 많이 탔습니다. 주인이 하나가 아니었던 것입니다.

 우리의 영혼을 산 제물로 들이기 위해 김치를 비유한 것인데, 내가 죽지 않은 상태로 드려지는 제사를 말씀하신 목사님의 설교가 기막히게 들어맞습니다.
 요즘은 잘 쓰지 않는 말 중 김치에 쓰는 "미치다"라는 옛말이 있습니다. 숨이 잘 죽어 숙성이 잘 되고 있지 않는 상태를 말하는 것으로 예전 할머니들은 흔히 쓰는 단어였습니다. 사전 상의 미치다.와는 조금 다른 개념의 말입니다.
 그러나 제물이 제물의 형태를 하지 않고 그처럼 살아 움직인다면 정말 미친 제물이 아닐까요?
 맛이 들지 않은 제물, 맛이 변질된 제물 그리고 나 스스로가 살아 펄펄 움직이는 제물… 미친 제물이 되지 않기 위해 오늘 또 고개 숙여 기도를 합니다. 지난 과오를 또 속죄해 보는 것입니다. 그렇게 나를 김치처럼 꾹꾹 눌러 죽이는 것입니다.
 그렇게 하지 않으면 온전한 제사가 되지 않을 것 같아 그렇습니다.

손이 아픈 발을
쓰다듬는 것처럼

주여!

새벽이 찾아왔습니다. 오늘 내 입을 들어 깊은 밤을 거두어 가시고 이슬 영롱한 아침을 허락하신 주님의 은혜에 나는 감사를 금할 수 없습니다. 당신은 말씀으로 임하셔서 내 영혼에 생명을 불어 넣으시고 정작 내가 빌 것을 알게 하시는 은혜이십니다.

영원한 것은 없다던 아버지 하나님의 말씀을 받자와 내게 천국으로의 삶을 소원하게 하신 은혜를 내 작은 필설로 다 형용할 수 없어 나는 이 새벽에 또 안타까워합니다. 다만 꽃과 산모가 겪은 것이 같은 고통이며 희열이었음을 내 스스로 자각하여 나는 또 눈물을 흘릴 수 밖에 없습니다.

그리하여 비로소 겪는 아침의 노을이 더 없이 아름다울

수밖에 없습니다.

내게 밀려오는 일몰이 되시는 주여!
내 입을 들어 바라옵는 것 하나가 있어 피어나는 것과 저물어 가는 것의 위안이 될 수 있는 은총과 은사를 내게 허락하여 주옵시고 보여줄 빛깔이 없어 고개 숙인 이들에게나 가슴속 밀려오는 핏빛을 고집하는 이들에게나 또 늙은 태양처럼 저물어 가는 이들에게 위안이 될 수 있는 은사를 내게 부어 주옵소서.
싱싱한 피의 바다처럼 출렁이는 세상 모든 이들에게 나 스스로 그들과 함께 동화될 수 있는 용기를 덧입혀 주옵소서. 출렁이는 바다에 망연해하는 이들에게 떠오르는 광명을 바랄 수 있는 길을 전할 수 있게 하옵소서.

주여!
시작이자 끝인 주님의 독수리와 같은 눈동자를 내게서 거두어 가시지 마옵시고 그 목소리만을 온전히 사랑하게 하옵소서. 내 스스로 한 개의 뼈만 남은 거대한 무덤이 되게 하옵시고 그 아래 흐르는 고요한 물줄기로 변하게 하옵소서.
인적이 드문 밤거리에 쨍그랑 병 하나가 깨지면 순식간에 모든 집의 불빛이 꺼지는 첨단의 도시에 기름 등 들고 마중하는 착한 아들이 되게 하옵소서.

다만,

아픈 발을 쓰다듬는 손같이 결리는 허리를 위해 움직이는 다리같이 요란한 소리에 잠시 눈 감아 주는 눈동자같이 내 것처럼 그것들을 행동하게 하옵시고, 상처를 들추지 않고도 부스럼을 떼어내지 않고도 또 부목을 덧대지 않고도 그 상흔들이 치료되게 하옵소서.

그리고 내 손이 아닌 아버지 하나님의 은혜로 된 것을 술자(안마 하는 사람) 피술자(안마 받는 사람) 모두 알게 하옵소서.

아멘.

하라와 말라

　다른 사람들과 대화를 하는 도중 상대의 말에서 하지 말라는 말이 많이 나오면 그 사람과의 대화는 원만하지 않을 수 있습니다. 직장에서도 가정에서도 그렇습니다. "하라."보다 "말라."의 말에서 가져오는 중압감은 상대를 불편하게 할 수밖에 없습니다.

　지금 내가 다니고 있는 교회를 나가기 전 잠시 다니던 교회에서의 경우를 예를 들자면 그곳 목사님의 경우가 많이 그랬습니다. 어찌 그리도 속속들이 내가 하지 말아야 할 것들을 잘 찾아내시는지 목사님과 대화하는 게 부담스러웠습니다. 가끔 설교 시간에서도 언급되어지는 질책의 말씀은 나를 자꾸 시험에 들게 하였습니다. 질긴 고기를 씹는 심정으로 주일을 지켜야 하는 일이 반복되었던 것입니다.

최근 서울 모 교회 목사님 설교가 은혜스러워 그분 유튜브를 찾아 듣고 있는데, 그 목사님의 설교가 또 그렇습니다. 어찌나 강력히 하지 말아야 할 것을 잘도 짚어내시는지 감탄할 정도 입니다. 그런데, 지금은 내 귀가 어찌된 것인지 그 "말라"라는 소리는 들리지 않고 더 나아가 "하라."라는 소리로 들리는 것입니다.

내가 젖을 먹던 어린 양에서 질긴 풀을 뜯을 수 있는 장성한 양이 되었다고 말하지는 않겠습니다. 다만, 지금의 교회로 옮겨와 "하라."라는 말씀에 내가 조금 더 길러진 것은 분명해 보입니다.

어제는 일부러 성경책을 컴퓨터에서 TXT 문서 파일로 펼쳐놓고 신약과 구약에 하라 와 말라의 개수를 세어 보았습니다. 구약과 신약 모두 말라라는 단어의 개수는 그다지 차이가 없었습니다. 그러나 말라의 용도는 확연 차이가 있었습니다.

구약에서는 하지 말라의 용도 즉 먹지 말라. 부터 시작하여 욕심내지 말라. 탐내지 말라. 우상에 절하지 말라. 간음하지 말라. 살인하지 말라. 거짓말하지 말라.와 같은 무엇하지 말라. 무엇하지 말라… 들이 대부분이었고, 신약에서는 두려워하지 말라. 슬퍼하지 말라. 괴로워하지 말라. 등과 같은 위로의 말을 빼면 하지 말라라는 단어는 거의 극소수였습니다.

성경 전체를 단 두 글자로 축약하면 "사랑"이라고 했습니다. 신약과 구약의 방법의 차이이겠으나 사랑은 말라.라는 직선의 길보다는 하라.라는 우회의 길이 더 질러가는 방법이 아닐까 생각합니다.

이를테면 요한복음 8장에서, 율법학자들과 바리새파 사람들이 간음을 하다가 잡힌 여자를 끌고 와서, 돌로 쳐 죽이려 할 때 예수께서는 돌로 치지 말라.라고 한 것이 아니라 "너희 가운데서 죄가 없는 사람이 먼저 이 여자에게 돌을 던져라." 라고 했듯이 하라 와 말라는 같은 뜻을 가지고도 다른 느낌을 주게 합니다. 그렇게 질책하는 말을 우회하여 방향을 지시하는 어휘로 바꾸어 놓은 것입니다.

구약은 하지 말라.라는 율법의 성경이겠으나 신약은 하라.라는 방향이 뚜렷한 지침서였던 것입니다. 내 삶에서 지금껏 질책의 어휘가 내 입에 붙어 있지 않았는가 돌아보며 오늘 하루를 시작합니다.

못난이 화분

오늘은 2023년 6월 8일입니다.

이 글을 쓰기 시작한 지 몇 달 되지도 않았는데 글이 잘 써지지 않습니다. 독감에 걸려 한 달 넘게 고생하고 있는 것도 그렇거니와 내가 글의 주제를 잘못 잡고 있는 게 아닌가 하는 생각에서 더 글을 추가하지 못하고 멈추어 서 있는 것이 또 문제인 것 같습니다.

그러다가 오늘은 문득 가인과 아벨의 제사를 생각하게 되었습니다. 내 삶 자체가 제사가 되어야하는 그 삶에 대해 생각한 것입니다. 여호와께서는 아벨의 제사만 받으시고 가인의 제사는 받지 않았다 하는데 두 사람의 제사가 과연 어떠한 차이가 있었기에 한 사람의 제사만 받으셨는지 한번 생각해 본 것입니다.

당시의 의식주 생활을 보면 채집 생활에서 막 농경 생활로의 전환이 있었던 때가 아닐까 싶습니다. 그리고 아벨의 제물 즉 어린 양이라는 제물의 경우를 보면 당시 식생활은 과일이나 열매를 주식으로 하던 때였다는 것을 알 수 있습니다. 그러니까 노아 방주 이후에 짐승을 식용으로 이용하였다는 기록이 창세기에 나와 있고 보면 아벨은 양을 치는 일이 당시에 그다지 쓸모가 없는 일이었음을 알 수 있습니다. 다만, 수치심을 가릴 용도로 그 가죽을 사용하는 일이었으며 오로지 제사로만 그 양을 이용하였던 일이었습니다. 가인의 입장으로 보면 아벨은 그다지 쓸모없는 일을 하는 목동이었으며 자신은 하루 종일 들에 나가 땀 흘려 곡식을 거두는 일을 해야 하는 부지런한 사람이었던 것입니다. 가인의 입장으로 보면 그랬다는 것입니다.

제사의 초점이 하나님께로 맞추어져 있지 않고 자신에게 맞춰져 있었다는 것이 문제였습니다. 그리고 스스로의 수치심을 가릴 가죽을 얻을 일에 대하여 소홀하였다는 생각이 들었습니다. 겨우내 먹을 양식을 위한다는 빌미로 곳간을 채우고 쌓아놓은 양식의 안위를 위한 제사를 드렸던 것이었습니다.

분노하여 동생을 죽이고 싶은 마음의 원인이 거기 있었던 것입니다.

사도 바울은 스스로 작은 사람이라 했습니다.

나는 글을 쓰면서 나 스스로가 작은 사람이 되지 않고 자꾸 높은 곳의 경지를 바라보거나 나 자신의 안위를 축적하려 했던 것이 아닌가 되짚어보기로 했습니다. 쓰고 있는 글을 통해서 나의 가치를 높이려 하고 각종 빌미를 마련하려 했던 것이 아닌가 생각해 보기로 한 것입니다. 낮게 바라보면 세밀하게 다 보이는 것을 자꾸 내 되지도 않는 눈높이로 교만 된 글질을 해 온 것 또한 반성해 보기로 했습니다. 가인처럼 나도 내 육신의 안위를 위한 행위를 지속해 왔던 게 아닌가 생각한 것입니다.

그러다 보니 오늘은 아직도 깨달을 죄의 싹이 남아 있다는 것이 또 나를 슬프게도 기쁘게도 하는 희한한 감정의 날이 되고 말았습니다.

며칠 전부터 동생 세인이가 가져온 다육이 화분을 아는 지인들에게 하나씩 나누어 주고 있습니다. 오늘은 남은 화분을 손으로 만져보는 도중 측은한 감정에 또 울컥해지고 말았습니다.

앞선 사람들이 예쁜 것을 골라서 가고 다음 사람이 또 그중 예쁜 것을 골라서 가져가고 나니 남은 게 참 못난이 화분 하나가 덩그러니 남아 있습니다.

"그래. 이게 인생이구나. 남들한테 다 주고 못난이 하나로 남는 게 인생이구나. 그렇게 못난이로 남는 게 내가 가야 할 인생이구나. 가난해도 환란이 와도 남들보다 뒤처져도 저렇게 남으면 내가 행복할 수 있는 거였구나. 천국이 따로 있는 게 아니었구나."

2023년 6월 8일은 내가 이렇게 또다시 태어나는 날이 되었습니다. 감사합니다.

착한 남자

어릴 적 나는 착한 아이였습니다.

나는 그 착한 아이가 무얼 말하는 것인지 자꾸 되새기며 그 범주에 들어 있으려 애썼습니다. 그리고 어머니가 "착하지." 하고 쓰다듬어 주는 그 손길이 무척이나 좋았습니다. 잠도 자라면 얼마든지 잘 수 있었습니다. 먹는 것도 주는 대로 잘 먹었습니다. 다른 형제들보다 옷이며 먹을 것이 부족해도 나는 착한 아이였으므로 잘 견뎠습니다.

형제들도 그런 나를 원했습니다.

그런데, 그 착한 아이로 사는 게 문제였습니다. 안성 고향에서 서울로 이사와 살던 그 가난한 서울살이 시절 내 안에 축적되었던 착한 아이 콤플렉스는 속으로 곪은 종양 덩어리가 되고 말았던 것입니다.

　시골 아이들은 착한 아이라면 그저 돌봐주고 같이 어울려주고 그러는 대상이었으나 도시 아이들은 그렇지 않은 것이었습니다. 괴롭힘의 대상이었고 자기들 즐거움의 대상이었던 것입니다. 좋지 못한 시력 때문에 학업 또한 따라잡을 수가 없었습니다.

　또 형제들보다 뒤처진 입성은 도시 아이들에게 있어서 놀림거리의 대상이었습니다. 선생님도 부모님도 그러한 나를 알아차리지 못하고 그냥 방치되어 있을 수 밖에 없었습니다. 안과 밖이 서로 다른 이유로 방치되었던 것입니다. 밖에서는 그러한 아이들과 싸우느라 거칠었고 집 안에서는 착한척하는 순한 아이였습니다. 안과 밖이 다른 그 나날들이 너무도 혼란스러워 견딜 수가 없었습니다.

　그러던 중, 그 혼란의 극치는 역시나 중학교 2학년 무렵이었습니다. 김일성도 무서워하는 그 중2였습니다. 그동안 몸과 마음에 쌓인 고름은 나의 가출이라는 결말을 낳고 말았습니다. 처음 가출은 25일 두 번째 가출은 석 달, 세 번째 가출은 1년 점점 그 기간을 늘이기 시작했습니다. 시력이 좋지 않던 몸으로 강행한 공장 생활은 나를 몹시도 힘들게 하였습니다. 어떤 곳에서는 한 달을 겨우 채우고 나올 수 있었으나 어떤 곳은 3일 어떤 곳은 3시간 만에 쫓겨나는 일도 있었습니다. 그

나마 시력이 많이 필요치 않은 곳에서는 좀 더 오래 버틸 수 있었던 것이었습니다.

집안 꼴은 또 말이 아니었습니다. 연이어 차린 가게들도 잘 될 리가 없었습니다. 치킨집과 함바집에서 수차례 돈을 까먹게 되고 전셋집에서 사글세, 또 사글세도 점점 저렴한 곳을 찾아 전전하는 지경에 이르렀습니다. 당시 판자촌이나 다름 아닌 하일동의 부엌도 없는 방으로 이사한 것이 내가 18세 무렵의 일입니다. 그 중심에 내가 있었던 것입니다. 잠조차 편안히 잘 수 없는 골칫덩어리 아들 때문에 부모님들은 하루하루가 지옥 같았을 것입니다.

그러니까 가장 착한 자식이 결국 집을 말아먹은 셈입니다.

오늘은 "의인은 믿음으로 살리라."라는 로마서 1장 17절 말씀을 새삼 떠올립니다.

"의는 간섭하지 않습니다." "의는 방향성을 가집니다." 의는 주관적입니다." 의는 떳떳합니다." "의는 나보다 남을 먼저 생각합니다."

써 보자면 한도 끝도 없을 것 같습니다. 선(善)은 결코 인간에게 평안의 기준이 될 수 없기 때문입니다. 그러나 의(義)는 그러한 모든 것들을 초월하기 때문입니다. 고로 의는 세상 무엇보다 큰 진리입니다.

오늘은 어머니가 돌아가시기 전까지 한결같이 기도하셨던 응답이 내 나이 쉰 줄이 넘어서 나타난 것이라 세삼 확정합니다. 하나님은 선한 사람을 부르러 온 것이 아니라 의인을 부르러 온 것이라는 말씀 또한 깨닫습니다. 늦게나마 선(善)이 기준이 되지 않고 의(義)가 기준이 된 오늘 내 삶의 복음은 이 세상 무엇보다 값질 수 밖에 없습니다. 또 나는 오늘 "절대 선은 없다. 그러나 절대 의는 있다."라고 말하고 싶습니다.

우리 믿음 생활을 하는 이들에게는 예수 그리스도가 있기 때문입니다.

혀로
듣다

　이름에 용자가 들어가는 내 어릴 적 친구 용이도 착한 친구입니다.
　되려 착하다기보다는 좀 모자란 것 같기도 합니다. 고향 안성서 이사하여 서울 그리고 성남에 살 때 용이는 고향 친구랍시고 나를 찾아왔습니다. 그때가 스물서너 살 때 일입니다. 나는 그 친구의 착한 심성을 잘 알고 있었기에 10년이 넘어서 온 연락이 무척이나 반가웠습니다. 용이는 직장 때문에 성남으로 이사를 와 하숙을 한다고 했습니다. 그래서 수시로 우리는 어울렸습니다. 그런데, 좀 모자란 듯한 녀석 때문에 나는 하지 못할 행동을 많이 했습니다.
　술 먹고 나 돈 없으니 네가 내라는 것은 귀엽게 봐줄 일이었습니다. 술자리에서 비몽사몽 돈을 꿔놓고 내가 언제 돈을 꿨냐고 잡아떼기도 했습니다. 그리고 내가 돈을 꿔주면 이자도 받았습니다. 또 우리 집이 이사하는 날이 되었습니다. 이리저리 바쁘다는 걸 강제로 부르다시피 해서 불러놓고 온갖 힘든 일을 마구 부려 먹었습니다. 그리고 용이 네가 이사하는 날은 전화도 받지 않았습니다. 그러한 것들을 용이가 나한테 따지고 들 때도 있었습니다. 그러나 나는 요리조리 교묘한 방법으로 이유를 설명하고 왜 상대를 생각하지 않냐고 되려 통박을 먹이고 그랬습니다. 요상한 논리를 펼쳐서 그건 내가 잘못한 게 아니라 네가 잘못한 거라고 돌려놓을 때도 있었습니다.

논리와 비논리가 싸우면 비논리가 이긴다는 원칙이라도 보여주듯 나는 거칠 게 없었습니다. 용용 그렇게 골탕먹는 용이가 정말 나는 재미있었습니다. 내 현란한 말재주는 녀석이 따라갈 방법이 없었던 것입니다.

그런 것들을 다른 친구들에게 자랑삼아 얘기도 했습니다. 그러면 그 친구들은 내게 잘못했다는 말은 하지 않고 바보 같은 용이만 욕하고 비웃고 그랬습니다. 그래서 나는 더더욱 우쭐해졌습니다.

그런데, 오늘 성경 말씀 묵상 중 이런 글귀가 나옵니다.
"독사의 자식들아! 너희가 악한데, 어떻게 선한 것을 말할 수 있겠느냐? 마음에 가득 찬 것을 입으로 말하는 법이다."

마태복음 12장 34절 말씀입니다. 순간 나는 이런 생각이 들었습니다. 뱀은 귀가 없으므로 그 날름거리는 혀로 상대의 말을 알아듣는다 했습니다. 그 말이 과거 내가 행하던 죄의 전형적인 모형이었던 것입니다. 그 말인즉슨 나의 귀를 닫아 버리고 내 현란한 혀로 상대의 말을 듣고 말하는 모양을 말하는 것이었습니다.

저런, 세상에나! 혀로 듣고 혀로 말하는 그 징그러운 뱀의 행동을 내가 하고 다니던 것이었습니다.

사탄 사탄 하면서 내가 그 사탄이 해야 할 짓을 완벽히 구연하고 있었던 것입니다. 이 노릇을 어찌해야 할까요.

그렇게 울적한 마음 가눌 수 없는데, 마태복음 23장 33절에는 울고 싶은 아이 따귀도 때립니다.

"뱀들아, 독사의 자식들아, 너희가 어떻게 지옥의 심판을 피하겠느냐?"

아이고 맙소사. 주여, 이 모든 걸 더 늦지 않게 알아버린 그걸 알게 하신 하나님 나는 어떻게 감사해야 할까요?

주여!
과거 내가 그토록 저주하였던 독사의 자식이 나였음을
이제 깨달았나이다.
세상 썩어질 것들을 먹으려 애써왔던 나를

이제사 발견하게 되었나이다.
이제 내가 뱀의 간교한 혀로
더 이상 세상을 살지 않게 하시고,
"배로 기어다니고 흙을 먹어야 할 것이다."
하신 창세기 3장 14절 말씀을 두려워하여
생명 이전 혹은 생명이 죽은 뒤의 것으로
나의 배를 불리는 일이 없게 하옵시고,
두 발로 온전한 믿음의 길 성큼성큼 걸어가는 축복을
허락하여 주옵소서.
아멘.

살아있는 땅

상품의 6년근 인삼을 생산하기 위해서는 자그마치 12년이라는 기간이 걸린다고 합니다. 인삼을 재배하려면 먼저 오래 묵혀준 땅에 파종을 해야 하므로 그처럼 긴 기간이 소요되는 것입니다.

또 인삼을 수확하고 나서도 그 땅을 오래 쉬게 하여 주어야 나중 다른 작물을 심을 수 있다고 합니다. 인삼 농사가 그렇겠으나 다른 작물의 경우도 별다를 게 없어 보입니다. 예를 들면 고구마 농사를 연이어 같은 밭에 할 수 없듯 토마토나 감자나 모두 다음 해에 연이어 할 수 없습니다. 연이어 같은 작물을 파종하게 되면 수확도 줄어들거니와 그 작물의 품질 또한 형편없습니다.

그러나 요즘 농작물들을 보면 지력이 죽어 과거의 수확물들보다 영양가가 현저하게 떨어져 있는게 사실이라고 합니다. 시금치의 경우 20년 전의 것과 지금의 것이 미네랄의 함량이 10%에도 미치지 못한다고 합니다. 토양을 쉬게 하지 않고 매년 같은 분량 혹은 더 많은 수확을 얻으려 한 것이 지금의 농사 방법이 되어버린 것입니다. 단순 먹거리에서 재물 확장의 용도가 되어 버린 것도 농부들의 화학 비료의 의존도가 자꾸 늘어나게 된 이유가 된 것입니다.

더불어 더 빨리 더 많이 생산해야 하는 기술이 개발되는 것도 한몫을 했을 것입니다. 이듬해에는 또 더 많은 비료를 쓰게 되고 그것들이 반복되는 일이 현재의 식탁 문화를 만들었을 것입니다. 그렇게 땅은 죽고 영양가 줄어든 농작물은 우리 식탁의 주메뉴가 되어버린 것입니다.

그런데 오늘은 이런 생각을 해 봅니다.

하나님께서는 사람을 만드실 때 흙으로 빚으셨다. 했는데 내가 곧 그 흙이며 땅이 아닐까 생각하게 된 것입니다.

내가 주일을 세상 노동에서 벗어나 하나님의 날로 지키고 휴식할 때에 나라는 지력은 살아나는 게 아닐까, 세상 제약 회사들의 약품이나 술, 담배들로 휴식을 대신하던 생활에서 참 하나님의 품에 들어가 휴식하는 게 사람들의 지력을 높이는 수단이 되어야 하지 않을까. 그렇게 제 칠일에 휴식하라는 것, 그게 주일이고 안식일이 아닐까.

몇 년 전에는 또 이런 생각을 한 적도 있습니다.
거리를 걸어가면서 이렇게 콘크리트나 아스팔트로 길을 덮어 놓으면 속에 땅은 어떻게 될까. 생각한 적이 있습니다. 하늘에서 내리는 비가 흙 속으로 스미지 못하고 그냥 콘크리트의 겉을 흘러 강과 바다로 쓸려가 버리는 이 현상을 어떻게 보아 주어야 하나. 실제 공사 중 아스팔트를 걷어내 보면 그 속은 몹시도 건조하거나 오염수의 유입으로 썩어 있는 경우가 거의 대부분이라 했습니다.

스스로 죽은 땅을 만들며 땅인 저 자신을 죽이고 사는 게 우리가 아닐까. 그 위로 차를 지나게 하고 그 위에 건물을 짓고 그 위에서 더 높은 건물을 올려다보는 지금의 현실을 어떻게 보아 주어야 하나. 생각한 적이 있습니다.

하나님은 우리에게 계절을 따라 비와 구름과 햇빛을 주시며 계절을 공평하게 배분하시는데, 우리는 스스로의 겉을 저 단단한 콘크리트나 아스팔트로 무장(武裝)하여 그 축복을 거부하고 있는 것이었습니다. 맞습니다. 그토록 하나님의 축복은 늘 수시로 우리의 화단에 내리는 비처럼 찾아오는 것인데 나 스스로 그것들을 거부하고 있는 것이었습니다.

내일은 주일입니다. 오늘 이글은 서른 번째 글입니다. 내 스스로 흙이며 땅이었다는 걸 자각하며 주일을 지키려 합니다. 내가 쓰는 글이 죽은 땅에서 죽은 농작물을 생산하는 게 아니라 온전히 휴식하여야만 산 땅에서 산 작물을 수확할 수 있다는 걸, 그리고 그것들을 내가 먼저 실천한다는 마음으로 주일을 맞으려 합니다.

또 내 완악한 콘크리트와 아스팔트를 걷어내고 맨살을 내밀어 살아계신 하나님의 축복을 오롯이 받아내려 주일을 지킬 것입니다. 그리하면내 옥토에 축복의 단비가 내릴 것을 믿습니다.

3부

눈을 대신하여 귀를 열어 주시고

귀를 대신하여 내 영안을 등대처럼 밝히십니다.

내 평생의 은혜가 넘쳐 주님의 영광을 바라보는 시선이 됩니다.

이것이 내 평생의 기도가 되게 하시고 늘 온유한 찬양이 되게 하소서

오늘이 내 입술의 자랑이 되고

내 삶의 축복의 항해가 되게 하소서

착한 돌멩이

어릴 적부터 나는 하나님을 믿는 사람은 착한 사람이어야 하는 줄 알았습니다.

술도 먹지 않고 담배도 피우지 않고 남들과 다투지도 않으며 주일을 착실하게 지키는 사람이 믿음이 좋은 사람인 줄 알았습니다. 그리고 부모님 말씀도 잘 듣고 형제들과도 화목하게 지내는 사람이 진정으로 하나님을 잘 믿는 사람인 줄 알았습니다.

싸움도 해서는 안 되었습니다. 거짓말도 해서는 안 되고 남의 것을 훔치는 것은 더더욱 안 될 일이었습니다. 그래야만 구원에도 이르고 화목할 줄 알았습니다.

그런데

그 단순한 착한 것을 의미하는 것들이 쉽게 지키기 힘들었습니다. 친구들과 어울려 노는 게 즐거웠으므로 왠지 손해보는 듯한 그 모든 것들이 내게는 의미 없는 행위들 같았습니다. 그래서 차라리 하나님을 떠나 지내던 때 그러한 한때는 되려 더 행복한 것 같기도 했습니다. 정작 남들보다 못 가진 내가 남들보다 못 배운 내가 행복하다는 것은 또 요원한 일인 것도 알게 되었습니다. 육체적 정신적 물질적으로 비교 대상이 된 내 삶은 다른 누구들보다 몹시도 초라한 거였습니다.

그러다 보니 힘세고 많이 가진 아이들에게 항상 기죽어 지낼 수밖에 없었습니다.

그런데 오늘은 다윗과 삼손이 가진 당당함에 대하여 생각해 보았습니다.

다윗이 골리앗을 대적할 때 들고 간 것은 고작 물맷돌 다섯 개라 했습니다. 삼손이 수천의 블레셋 군대를 때려잡은 것은 고작 나귀 턱뼈 하나였다고 했습니다.

지금에 와서 내가 아직도 축복이니 능력이니 원하고 기도하는 것은 무슨 잘 벼러진 진검을 바라고 있는 것은 아닐까 주님의 권능이 입혀지면 고작 강가에나 굴러다닐 돌멩이도 그토록 훌륭한 무기가 되고 썩어 죽어질 턱뼈도 수천의 군대를 대적할 무기가 되는 것을 왜 모르고 사는 것인가.

그래서 오늘은 내가 받은 은혜와 능력을 세어 보기로 하였습니다. 내가 받은 것들을 찾아 세어보니 한도 끝도 없이 많이 나옵니다.

첫째로 내 주변에는 좋은 사람들이 너무도 많이 있습니다. 사업장에서는 직원들이 그렇습니다. 가족들은 모두 말할 것도 없습니다. 교회에서도 그렇습니다. 목사님, 사모님을 비롯하여 장로님, 권사님, 집사님들은 눈물 나도록 고마우신 분들입니다.

내 개인적인 은혜도 차고 넘칩니다. 인물도 그다지 나쁘지 않습니다. 입이 살아 있습니다. 귀가 열려 있습니다. 눈이 보이지 않아 세밀하게 보려는 마음가짐도 항상 있습니다. 또 생각의 속도를 조절하는 능력이 있습니다. 그 능력으로 글도 쓸 줄 압니다.

이 모두가 하나님께서 거저 주신 것들입니다.

그런데, 아무렇지 않게 내가 그렇게 앉은 자리에서 받은 은혜에만 머물러 있는 게 과연 축복과 연결될 것인가, 또 그렇게 받은 능력이 어디서 온 것인지를 알면서 그러한 능력들을 가지고만 있어야 하는가. 과연 서두에서 말한 그 착한 모습으로 믿음 생활을 하고 있는 게 잘하고 있는 것인가를 생각해 본 것입니다.

올해 들어서 나는 몸이 많이 아팠고 지금도 아픕니다. 새해 막 들어서면서 내 평생에 겪어 보지도 못한 허리통증을 한 달 보름씩이나 앓고 최근에는 독감에 걸려 한 달 넘도록 고생을 하였습니다. 또 지금은 왼쪽 견관절에 오십견이 발생하여 지금 이렇게 글을 쓰고 있는 중에도 간헐적으로 통증이 찌르듯 신호가 옵니다.

그러나 나는 행복합니다. 하나님께서는 나에게 내게 주어진 달란트가 무엇인지를 알게 하시려고 가진 수단을 다하시고 계십니다. 그리고 그 알고 있는 상태에 머물러 있지 않게 하시려고 지속적으로 내게 고통과 고난을 주시고 있다는 것을 압니다. 내가 육신으로 어떠한 행위를 하려는 것 보다 이렇게 새벽 어깨 통증으로 나를 깨우시는 하나님의 은혜를 덧입어 글을 쓰는 것이라 믿으니 나는 세상 누구보다 행복한 사람입니다.

내 어깨의 오십견이 사라지면 좋고 그냥 오래 남아 있어도 나쁘지 않을 것 같습니다.

이번 주 주일 강단 말씀이 내 생각을 확장하고 확정합니다.
교회 안에서만 그런 것이 아니라 직장과 가정과 사업장 어디서든지 그리스도의 향기를 발하라는 말씀으로, 내가 이 말씀을 온전히 붙잡는 게 내 평생의 숙제처럼 들려 옵니다. 내가 가진 은혜와 하나님께서 주신 능력과 연관되어집니다.

또, 달란트의 의미도 생각납니다. 다른 두 종들과 달리 땅속에 그걸 묻어 두었다가 주인이 돌아올 때 여기 당신이 준 달란트가 있나이다 하며 내어놓는 착한 모습이 되어서는 안 된다는 이유도 이제는 알 것 같습니다.

달란트 아닌 돌멩이 하나라도 내게는 능력이고 권능이 될 수 있다는 것을 새삼 다짐하면서 이 글을 씁니다. 그러한 은혜와 권능을 알고 세상으로 실천하며 나아 간다는 것은 내가 그리스도와 하나가 되었다는 것이라고 나는 믿습니다.

지선아
사랑해

80년대 초반 무렵이었을 것입니다. 전 세계 아기들을 대상으로 자장가 경연 대회가 있었다고 합니다. 무대를 만들고 방음 유리 벽을 설치하고 그 안에서 아기들을 재우는 시합이 벌어진 것입니다.

어느 나라 자장가가 가장 아기를 잘 재우는가 시합이 벌어진 것입니다.

먼저 영국 선수가 무대에 올라왔습니다. 물론 여자 선수였습니다. 이 선수는 성악가 출신으로 메조소프라노를 전공하였기에 출전했다고 합니다. 여러 아이를 출산한 경험이 있는 선수였습니다.

각각 여러 피부색이 있는 아기들 요람 근처에 서서 두 손을 모으고 노래를 부르기 시작했습니다. 아주 감미로운 노래였습니다. 그러나 아기들은 되려 눈이 말똥말똥해지며 성악가 선수를 구경하는 것이었습니다. 어떤 아기는 선수가 부르는 노래를 따라하는 것인지 옹알이를 하는 아기도 있었습니다. 선수는 노래 두 곡만 부르고 무대를 내려갈 수밖에 없었다고 합니다.

땡! 탈락이었던 것입니다.

다음은 아프리카 케냐에서 온 흑인 할머니 선수였습니다. 할머니는 자신만만했습니다.

구불구불하게 생긴 막대기에 달린 방울을 흔들며 아가들 근처를 돌며 주문 같은 걸 외기 시작했습니다. 달그락달그락 중얼중얼 아프리카 무슨 토속 샤머니즘으로 아이들을 재우는 것 같았습니다. 그 요란한 방울을 아가들 얼굴에 대고 한참을 흔들자 아가들이 잠들기 시작했습니다. 첫째 흑인 아이가 잠들었습니다. 둘째 백인 아가도 잠들었습니다. 그런데 황인종 아이가 갑자기 울음을 터뜨렸습니다. 으앙! 난리가 났습니다. 기껏 재워 놓았던 아이들이 모두 깨어난 것입니다.

아기 부모들이 올라오고 케냐 선수는 멋쩍은 웃음을 남기고 퇴장하는 수밖에 없었습니다. 이 분도 땡! 탈락입니다.

다음은 한국 선수가 올라왔습니다. 머리에 수건을 쓴 제주도에서 온 해녀 출신 할머니였습니다.

할머니는 아이들 근처까지 가서는 바닥에 철퍼덕 주저앉더니 웅얼웅얼 무언가를 말하는 것이었습니다. 혼자 말하는 것 같기도 하고 무슨 주문을 외는 것 같기도 한 것이 외국인들은 물론 한국 관객들까지 알아들을 수가 없었다고 합니다. "이여어어 여어 허이 우어이 이어어이 허이어…" 대충 그런 소리 같았습니다. 그런데 5분도 되지 않아 아이들이 하나둘 잠들기 시작하는 것이었습니다.

백인 아이가 잠들고 흑인 아이가 잠들고 이제 황색 피부의 아기만 잠들면 끝나는 거였습니다. 그런데 이 아가는 잠들 것 같다가 배시시 웃고 잠들 것 같다가 이마를 찌푸리고 그러는 거였습니다. 그런데 할머니는 그 아이 곁에 가더니 아이의 뺨을 짝! 하고 때려 버리는 거였습니다.

관중석에서는 난리가 났습니다. 황인종 아이의 엄마가 뛰어오르려 하고 방송 카메라를 꺼야 하는 거 아니냐며 소리를 지르는 사람들이 자리를 불쑥불쑥 일어서고 그러는 거였습니다. 방음 유리 벽이 없었으면 행사가 중단되고 말았을 것입니다. 놀라운 일은 그때 일어났습니다. 그렇게 잠들 듯 안 들 듯 하던 아이가 따귀 한 방 맞고는 이잉! 한번 찡얼대더니 곧바로 잠이 드는 거였습니다.

이 이야기가 요즘 젊은 엄마들은 이해가 되지 않을 수도 있습니다. 그러나 실제 예전 나이가 지긋한 분들은 그런 방법으로도 아이를 재우고 그랬습니다. 저도 실제 그러한 것을 가까이서 목격한 적이 있습니다.

이 대회가 실제 있었던 것인지는 저도 잘 모르겠습니다. 그러나 유명 국악인이 방송에 나와서 한 이야기이므로 실제로 있었다고 믿으며 글을 씁니다.

최근 어느 목사님이 설교에서 "지선아 사랑해." 도서의 저자 이야기를 설교에서 인용하는 걸 들은 적이 있습니다.

그래서 나는 일부러 그 책을 구하여 읽었습니다. 글을 읽으며 깨달은 생각은 하나였습니다.

하나님이 구원하시고자 하면 어떠한 방법으로든 구원하시는구나. 였습니다. 그 예쁘던 이지선 씨의 얼굴을 흉하게 일그러뜨려서라도,

혹은 나처럼 눈을 멀게 해서라도…

오늘 본문에서 이야기했듯이 잠 안 드는 아기를 때려서라도 재우는 방법은 범인들은 생각지도 못한 방법일 수 있습니다. 그처럼 구원은 우리가 상상치도 못하는 형태로 다가올 수 있다는 것입니다.

우리가 알아듣고 못 듣고는 제주도 할머니의 방언처럼 문제가 되지 않을 수도 있습니다. 다만 하나님께서 이루시고자 하는 것은 반드시 이루신다는 것, 그리고 그 안에 사랑으로 결말을 지으신다는 것.

육신에 환란이 오더라도 혹은 고난이 오더라도 이지선 씨나 저처럼 행복하다고 말할 수 있는 선물을 분명 주신다는 것입니다.

그 구원의 확신이 있기에 우리는 행복하다고 말할 수 있는 것입니다.

배불리 먹은 양

최근 인터넷 설교를 찾아서 듣던 중 어느 젊으신 목사님의 말씀 인도가 은혜로워 업장에 오시는 손님에게 소개한 적이 있었습니다. 나이 지긋하신 권사님 이었는데, 그 다음 주 예약 시간에 찾아 와서는 이렇게 말씀하시는 거였습니다.

"아이고! 원장님. 원장님이 소개하신 그 설교 목사님 있잖아요. 자살해서 죽었다네요. 지금 올라오는 것들은 모두 예전 살아 있을 때 올린 거라네요. 교회 측에서는 자살을 심장마비로 숨기고 그러는가봐요. 인터넷에 기사가 오래전에 올라와 있었어요."

참으로 난감해서 어떻게 말할 수가 없었습니다. 저는 눈이 보이지 않기 때문에 인터넷 검색이 원활하지 못한 것이 그러한 일을 만들고 만 것이었습니다.

예전 어느 교회 부목사님이 "자살도 어떠한 경우에 따라서는 허용이 될 수도 있을 것 같습니다."라고 나에게 말한 적이 있습니다. 그토록 성경의 해석을 제각각 다르게 말하는 요즘의 세태에서 어떤 것이 진짜이고 가짜인지 분별할 방법이 점점 어려워지는 것은 사실입니다. 그러나, 자살은 분명 죄 사함의 기회를 박탈한 마지막 행위로써 구원에 이르지 못할 전형적인 죄업이 분명하다고 나는 생각합니다. 분명 살인이고 특히 내가 나 스스로를 죽이는 못된 짓입니다. 더욱이 하나님이 주신 육신을 자기 스스로 생사를 결정했다는 데서 씻을 수 없는 죄를 짓고 만 것입니다.

그렇다면 더욱이 목사가 되신 분이 왜 자살을 선택했을까, 나는 의문을 가지지 않을 수 없었습니다. 그래서 그분의 프로필을 찾아보고 설교를 몇 개 더 찾아 들어보기로 했습니다.

검색을 해 보니 무명 연애인 시절이 있었으며 미국에서의 유학 시절이 있었다고 나왔습니다. 그리고 설교 중에서 특이한 점을 발견할 수 있었습니다. 자살했다는 이야기를 듣기 전에는 보이지 않던 것들이 하나둘 보여지는 것이었습니다. 정말 특이했습니다.

말씀이 기성 교회들에게 유독 공격적이고 인도하는 설교가 자신으로 집중되게 애쓰는 것이 보여지는 것이었습니다. 짧은 기간동안에 교회를 수천 명이 되는 교회를 부흥시켰다는데, 나름의 이유가 있어 보였습니다.

 그래서 알고 보면 자살할 당시 주변 교회들의 질책과 가치관의 혼란과 또 스스로 인기가 주인이 되어버린 그렇게 우상이 되어버린 목회 생활이 자기가 자기를 죽이고 말았던 것이었습니다. 더욱이 기존 교회들에게서 이단이 아니냐는 소리까지 들어가면서 받은 스트레스는 스스로 파멸의 길에 빠지게 만든 것이었습니다.

 나는 오늘 이런 생각을 합니다.
 교회의 부흥은 기도의 제목이 되어서는 안 될 것이라 생각했습니다. 더욱이 양적 부흥을 축복으로 보는 지금의 교회들에게 있어서 위의 글에서 언급한 목사처럼 그건 스스로 파멸의 길을 자청하는 이유 밖에 되지 않을 것이라 생각한 것입니다.
 목사는 양을 배불리 먹이는 것에 열심을 다해야 하는 것이 첫째 책무가 되어야 할 것입니다. 배불리 먹은 양이 새끼도 잘 낳고 젖도 잘 나오는 것은 당연한 것입니다.
 그렇기에 교회의 부흥은 바라지 않아도 저절로 찾아오는 것입니다.

천국과 지옥

1.

한 사내가 죽어서 천국에 갔습니다.

천국의 문을 막 열고 들어서니 온갖 기화예초가 아름답게 들판마다 자라 있었습니다. 햇볕은 따뜻하고 공기는 맑았습니다. 새들은 고운 목소리로 노래를 하고 있었습니다. 풀숲에는 황금 덩어리들이 반짝반짝 빛을 내며 여기저기 널려 있었습니다. 저편 세상에 살면서 열심히 산 것을 이 천국에 와서 보상을 받은 거라고 생각하니 너무도 기분이 좋았습니다.

그 풍경에 취해 한참을 걸어가고 있으니 저편에서 집을 짓고 있는 사람이 하나 보였습니다. 좀 더 다가가 보니 그 사람은 들판 여기저기에 있는 황금 덩어리들을 주워다가 집을 짓고 있는 것이었습니다. 집도 거반 완성이 되어 웅장하면서도 누런 황금빛을 이리저리 비치고 있는 거였습니다. 정말 멋있었습니다. 그는 근처에 금덩어리들이 없어서 멀리까지 가서 금을 주워 오고 있었습니다.

'나도 황금으로 집을 짓자.'

하고 결심을 했습니다. 먼저 집을 짓고 있는 사람에게서 멀리 떨어진 곳까지 걸어 갔습니다. 그러자 들판에는 금덩어리들이 드문드문 보였습니다. 그래서 몇 시간을 더 걸어갔습니다. 그랬더니 금덩어리들은 좀 더 많이 보였습니다. 이때부터 사내는 집을 짓기 시작했습니다. 황금 덩어리들은 들판에 여기저기 많이 있었으므로 담장도 황금으로 세우고 벽돌 모양의 금을 만들어 기둥도 세우고 벽도 덧대기 시작했습니다.

그런데 문제가 발생했습니다. 근처에 황금이 점점 부족해지는 것이었습니다. 근처의 금들은 집 짓는데 다 써버렸기 때문입니다. 먼데까지 걸어가서 금을 주워 와야만 집을 완성할 수 밖에 없었습니다. 동쪽으로 서쪽으로 금을 주워 오는 범위를 점점 넓혀야만 했습니다.

수레를 만들어 끌고 다녀야만 금을 구할 수 밖에 없었습니다. 그렇게 멀리까지 걸어가다 보니 어느새 자신은 먼저 황금 집을 짓던 사람의 곳까지 오게 되었습니다. 마침 그 사람은 황금을 구하러 나간 것인지 자리에 없었습니다.

순간, 담장 안쪽에 아직 짓다가 만 황금 재료들이 눈에 띄는 거였습니다. 이리저리 둘러보아도 집 주인은 보이지 않았습니다. 그래서 그 사람은 자신의 수레에 그 황금 재료들 몇 개를 재빠르게 실었습니다. 그리고는 도망치듯 그곳을 빠져 나왔습니다. 짜릿짜릿했습니다. 기분이 좋았습니다. 오늘은 멀리까지 황금을 구하러 가지 않아도 될 것 같았기 때문입니다. 그리고는 다음날도 그 다음날도 황금을 구하러 나가기 싫은 날은 표시 나지 않도록 그 집에서 조금씩 가져다가 자기의 집을 지었습니다.

그런데 어느 날 아침에 일어나 어제 가져다 놓은 금으로 집을 지으려 하는데 반듯반듯하게 생긴 금이 세 개나 없어졌다는 것을 알게 되었습니다. 아마도 들판 저편에서 집을 짓고 있는 사람의 소행 같았습니다. 몹시도 화가 났습니다. 이때부터 사내는 금을 누가 훔쳐 가지 않도록 감시까지 하면서 일을 해야 했습니다.

황금 집이 완성 되어갈수록 사내는 몹시 피곤했습니다. 먹는 것도 제대로 먹을 수 없었습니다. 잠도 제대로 잘 수 없었습니다. 며칠 전에는 재료를 구하러 나갔다가 들판 저편의 사람과 싸운 적도 있었습니다. 다짜고짜 주먹부터 휘두르는 턱에 이빨 두 개가 흔들립니다. 눈도 부어 밤탱이가 되었습니다.

좀비처럼 말라 가면서도 사내는 지금까지 힘들여 지은 황금 집은 포기할 수 없었습니다.

자기 행복을 빼앗아 간 들판 저편의 사람이 죽이고 싶을 정도로 미웠습니다.

지옥이 따로 있는 게 아니었습니다.

2.

또 한 사내가 죽어 지옥에 갔습니다.

지옥문을 막 열고 들어서니 모래바람이 훅! 자신에게로 끼얹어졌습니다. 우왝 퉤퉤퉤－－ 옷 속으로 입 속으로 모래가 마구 쏟아져 들어왔습니다. 하늘은 잿빛이었고 들판 어디서곤 풀줄기 하나 보기 힘들었습니다. 사내는 애라 누구 하나도 보는 사람이 없는데 어떠랴 옷을 다 벗어 허리에 묶었습니다. 신발도 벗어 덜렁덜렁 옆구리에 매달았습니다. 공기만은 맑아서 천만다행이라 생각했습니다.

그렇게 한참을 걸어가는데 들판에는 풀들이 잡초만 듬성듬성 자라있고 먹을 물도 없는 것 같았습니다. 그렇게 생각하니 내가 저편 세상에 살 때 형제들과 화목하게 지내지 않아서 지옥에 온 거구나. 하고 생각이 들었습니다. 그러던 중 들판 저편에 오두막 하나가 덩그러니 놓여 있는 게 보였습니다. 달려가 보니 마당에는 우물도 하나 있었습니다. 너무도 반가워 단숨에 가까이 다가가 보니 오두막 안에는 노인 한 사람만 침상에 누워 있는 것이었습니다.

"어르신 물 한 바가지만 퍼서 먹어도 될까요?" 하고 사내는 문 안쪽으로 공손히 여쭈었습니다. 우물의 물이 바닥에 조금 고여 있었기 때문입니다. 노인은 힘없는 목소리로 그러라고 했습니다. 깊어진 우물에 두레박을 내리고 물을 한 바가지 길어서 벌컥벌컥 들이켰습니다. 캬! 정말 물맛이 기가 막혔습니다.

노인께 고맙다고 인사라도 할 요량으로 사내는 오두막 안으로 들어갔습니다. 그런데 노인은 어디가 아픈 것인지 땀을 뻘뻘 흘리고 있는 거였습니다. 며칠 전 나무에 올라갔다가 떨어졌는데 다리를 날카로운 돌에 찔려 이렇게 곪고 있다고 말하는 거였습니다.

노인의 다리를 들춰 보았더니 환부가 주먹만 하게 곪아 부풀어 있었습니다. 얼른 깨끗한 물을 길어다가 씻기고 고름을 짜내기 시작했습니다. 그런데 고름이 잘 나오지 않는 거였습니다. 그래서 사내는 입으로 빨았습니다. 빨고 뱉고 빨고 뱉고 수 차례하고 나니 더이상 고름은 나오지 않는 거였습니다. 사내는 자신이 올 때 가져온 옷 중에서 비교적 깨끗한 걸 찢어 상처를 꼬옥 묶어 주었습니다.

그리고 노인 옆에서 잠시 눈을 붙이려 하는데 몸에 열이 갑자기 오르는 거였습니다. 아마도 노인의 고름을 빨아낼 때 더러운 균이 몸 속으로 들어간 것 같았습니다. 식은땀이 나고 잠을 자다 깨기를 수차례 하였습니다. 사지가 덜덜 떨리고 쪽창 밖으로 캄캄해져 밤인 줄 알았습니다. 다시 부연 햇빛이

들어올 때쯤 사내 이마에 시원한 수건이 얹어져 있다는 걸 알았습니다. 가까스로 실눈을 뜨고 보니 어제 그 노인이었습니다. 검버섯 거뭇거뭇한 얼굴에다가 이빨도 몇 개 안 남은 입으로 빙그레 웃어 보이는 것이 마치 천사와 같다는 생각을 하였습니다. 노인은 괜찮아졌으면 일어나서 자신을 좀 따라오라고 했습니다. 노인은 원래 다리가 불편한 것 같았습니다. 절룩절룩 앞서 마당 뒤편으로 가니 커다란 나무가 한 그루 있었습니다.

"저기 저거 하나만 따보게."

노인이 손으로 가리킨 곳에는 복숭아 같기도 하고 사과 같기도 한 과일이 여러 개 탐스럽게 달려 있었습니다. 낮은 곳의 것들은 모두 따 먹은 것인지 높은 곳에만 몇 개 남아 있는 거였습니다.

아마도 노인은 저걸 따려다가 나무에서 떨어진 것 같았습니다. 그래서 사내는 까치발을 하고 팔을 뻗어 보았습니다. 그러나 사내의 팔로도 과일은 딸 수가 없었습니다. 두리번거려도 장대 같은 것도 보이지 않았습니다.

사내는 다리 불편한 어르신을 무등 태워서 그 과일을 따게 해 주었습니다. 바닥에 내려와서는 노인이 그 과일을 사내에게 주는 거였습니다. 아마도 어제 다리를 치료해 준 걸 보답하고자 하는 것 같았습니다. 사내는 과일을 받아 들었습니다.

과일이 무척 크게 느껴졌습니다. 먹음직도 해 보였습니다. 그러나 사내는 먹지 않고 노인에게 다시 돌려 주었습니다. 나무의 주인은 노인이라는 생각이 들었던 것입니다. 노인은 우물가로 가서 과일을 깨끗한 물에 씻었습니다. 노인은 그 특유의 웃음을 웃으며 과일을 반으로 쪼개어 내미는 거였습니다.

사내와 노인은 우물가에 나란히 앉아 다디단 과일 하나를 나누어 먹었습니다.

그리고 노인은 과일 속에서 나온 씨 하나를 우물에서 얼마 떨어지지 않은 곳에 심었습니다. 사내도 노인처럼 과일 속에 있는 씨 하나를 우물 가까운 곳에 심었습니다.

"나중 이 근처를 지나게 되거든 꼭 들르게나 내가 여기 씨를 하나 심어 놓았으니 그때는 맘 놓고 따서 먹게나."

그 말을 듣고 사내는 여기 오래 살아도 좋겠다는 생각을 했습니다.

천국이 따로 있는 게 아니었습니다.

끝.

유연한 포도나무

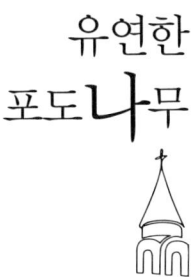

"나는 포도나무요 너희는 그 가지들이라. 그가 내 안에 내가 그 안에 거하면 그 사람은 많은 열매를 맺느니라."

요한복음 15장 5절의 말씀이 나를 또 새롭게 합니다.
최근에 불편한 감정이 하나 있었습니다. 성남에 사는 막네 이모가 성당에 돌아가신 우리 어머니의 위패를 모셨다고 했습니다. 신부님이 기도를 해 줄 거라고 했습니다. 살아생전 기독교를 열심을 다하여 다니시던 우리 어머니를 어떻게 그럴 수가 있는지 이해가 되지 않았습니다. 화가 나고 그랬습니다.
그래서 이 문제를 전화해서 따져 물을까 최근까지 고심했습니다. 어찌 불교에서나 하는 행위를 하나님을 믿는다는 이들이 하고 있으며 그걸 또 모셔주는 성당은 옳은 것인가를 따져 물어보고 싶었습니다. 당신들이 그토록 소중히 여기는 십계명 중에서 제2계명은 또 어떻게 하려는가 에 대해서도 물어보고 싶었습니다.

우리나라의 제사는 과거 하늘에 제사를 지내던 풍습이었다고 합니다. 그러던 중 조선시대가 되어 중국의 유교 사상이 들어와 조상신으로 제사의 대상이 바뀐 것이라 했습니다. 불과 600년 남짓의 제사 풍습이 수 천년의 문화를 뒤바꿔 놓은 것입니다. 그래서 사탄과 귀신이 창궐하는 인세를 만들어 놓은 것이란 걸 알고나 있는지 물어보고 싶었습니다.
우리나라 전통 풍습도 아닌 남의 나라 미신을 왜 그리도 따르는 것인지 궁금했습니다.

그러나, 요한복음 15장 5절의 포도나무에서의 비유처럼 그 가지는 여러 가지들 사이에서 서로 엉켜 있으면서도 잘도 뻗어나가는 걸 나는 깨달을 수 있었습니다. 다른 가지에 엉켜 있기도 하고 스스로 다른 가지들에게 엉켜 주기도 하고 유연하게 살아가는 포도나무를 왜 예수님이 비유했는가를 알 것도 같았습니다. 종려나무나 무화과나무나 감람나무 같은 것을 비유하지 않고 구불구불 사람들 키 높이에서 더 높이 자라지도 않는 그 포도나무의 비유한 것을 알게 된 것입니다.

또 우리가 흔히 포도나무에서 먼저 발견하는 것은 대체로 열매였습니다. 그러니까 가지가 곳 우리를 말하는 것을 흔히 잊고 삽니다. "내가 그 안에 그가 내 안에 거하면" 그 문장은 거의 삭제하다시피하고 읽는 것입니다.

내 스스로 의로워지고자 하는 마음은 교만입니다. 선과 악조차 구별 못하는 우리가 의의 열매를 맺는다는 것은 실로 불가능한 일입니다. 서로 의지하되 다만 내가 포도나무인 것만은 부인될 수 없습니다. 그렇게 얻어진 마음 때문에 이모가 한 행위를 덮어둘 수 있었습니다.

율법은 낮은 자세를 사수하기 위한 수단이므로 하나님께서는 그 율법과 같은 마음으로 가지를 붙잡게 도우시는 것이라고 어느 목사님이 설교 시간에 설파하셨습니다.

우리 스스로 그렇게 죄 된 마음으로야 의의 열매를 맺을 수 있는가 봅니다. 천국도 그때 열리는가 봅니다.

오늘은
"의의 열매를 위해서라면 썩어질 것에 집착하는 마음조차 잘라 버려야겠다"고
다짐하며 하루를 엽니다.

하나님은 계시지 않는다
이제 세상을 마음대로 즐기자

며칠 전 젊은 커플과 이야기를 나눈 적이 있습니다. 말하자면 커플 중 남자 청년과 대화를 한 것입니다.

예수를 믿는 사람으로서 그들에게 다만 어떤 좋은 소식이라도 전해줄 수 있을까 싶어 차 마시는 시간에 의자를 끌어당겨 그들 곁에 앉은 것입니다. 하나님을 믿으며 행복하게 된 내 삶을 이야기하며 내게 찾아온 복음에 대하여 전해주는 시간을 가지려 했던 것입니다. 그런데, 청년이 내가 말하는 중간 갑자기 이러는 것이었습니다.

"근데요. 제가 이해가 안 되는 게 있어요. 전에 제가 사고를 쳐서 벌금 300만 원을 내야 하는 일이 있었거든요. 근데 그 벌금을 할아버지가 대신 내 주셨어요. 그런데 엄마가 하는 말이 하나님께서 그 벌금을 내 주신 거라고 했어요. 도대체가 무슨 생각으로 그런 원리가 나오냐 이 말이지요. 그 돈은 분명 할아버지 주머니에서 나온 건데 어떻게 하나님이 내 준 거냐 이 말이에요."

청년이 하도 자신만만하게 말하는 바람에 나는 무슨 말을 어떻게 해야 할지를 순간 잊고 말았습니다.

"세상의 것은 모두가 주님의 것이다."라고 말을 해 주려다가도 이것 역시도 설명을 하려면 한참 걸릴 것 같고, "예수는 죄인을 위해 이 세상에 온 것이라."라는 걸 할아버지가 실천한 것이기 때문이다라고 말을 해 주기도 쉽지가 않을 것 같았습니다.

붕어처럼 뻐끔뻐끔 입만 열었다 닫았다 그랬습니다. 참으로 어색한 기분으로 그 커플 손님을 배웅하고 말았습니다.

영국 어느 버스의 옆면 광고판에 이런 글귀가 쓰여 있다고 합니다.

"하나님은 계시지 않는다. 이제 세상을 마음대로 즐기자."

그 문구 이야기를 듣고 오늘 새벽에 나는 많은 생각을 하지 않을 수 없었습니다. 그 청년도 더불어 떠오르는 것이었습니다.

첫째, 이 세상 사람들이 가지고 있는 하나님에 대한 존재 여부도 보았습니다.

둘째, 머지 않은 심판의 날도 짐작할 수 있었습니다.

셋째, 아무리 완벽한 거짓이라도 진짜 진실은 왜곡할 수 없는 것도 알았습니다.

넷째, 분별의 눈은 아무에게나 주어지는 게 아니었습니다.

그 글귀는 무신론자들이 일부러 돈을 들여 광고판에 게시한 글이라 했는데, 그 글귀에서 보면 하나님이 있기 때문에 세상을 맘대로 즐길 수 없었다는 이유가 역으로 설명이 되어집니다.

그러므로 그 하나님의 속박에서 벗어나야만 세상을 즐길 수 있다는 설명을 하고 있는 것입니다. 고로 그들은 이미 계시는 하나님의 존재를 알고 있기에 그와 같은 문구를 작성하게 된 것입니다. 그 하나님을 거부하므로 스스로 얻게 될 것을 강조한 것입니다.

앞서 얘기한 청년의 경우도 본인도 조금만 더 거슬러 올라가면 얼마든지 하나님이 하신 일이라는 걸 유추할 수 있는 것인데 스스로가 그 하나님의 속박에 들어가지 않기 위하여 자기 자신의 논리를 강하게 어필한 것이라 볼 수 있는 것입니다.

결론적으로 세상을 좀 더 즐기기 위해 하나님을 거부한 것입니다. 소망이 천국에 있는 나로서는 실로 안타까운 일이 아닐 수 없습니다.

TV 뉴스를 보면 요즘 일본에서 종군 위안부가 자발적 매춘이었다고 뻔뻔스럽게도 말합니다. 북한에서는 6.25가 남침이 아니라 북침이었다고 자기들의 행위를 반대로 뒤집어 말합니다.

자신들의 행위가 얼마나 추악하고 잔인무도한 것이었다는 걸 알고 있기에 그렇게 알고 있는 게 아니라 그렇게 믿고 싶은 것이겠지요. 자기 입맛대로 편리한대로…

카카오톡 메시지

[김동훈] [오전 8:32] 그 친구에게 엄마는 능력이 안 되어 기도만 했을 뿐인데 하나님께서 할아버지의 마음을 움직이신 것이다. 할아버지가 그 돈을 안 주셨으면 네가 감옥에 갈 것 아니냐? 이제 엄마의 기도로 그만 방황하고 예수님을 만나라. 이랬으면 어땠을까?

[양남규] [오전 8:52] 잘 지내시지요? 주신 글, 잘 읽었습니다 밀려드는 불안감에서, 또는 자신의 목소리 큼을 자랑하고자 하는 이들이 종종 드러내는 게 바로 무신론이요, 정의감 표출이 아닐까요? 어느새 올 한해도 하반기에 접어드는 7월의 첫날입니다. 주 은혜 중, 행복 누리시는 나날 되십시오.

[최병하] [오전 9:55] 평안하시죠? 언제나 주님의 생명의 복음을 전하려는 삶의 태도가 존경스럽습니다. 대부분의 성도들은 이웃이나 친구 심지어는 가족에게도 복음을 전하지 않습니다. 왜냐하면 한마디로 어렵기 때문입니다. 왜 어렵게 여기냐면 하나님의 자녀다운 삶을 살아야 하기 때문이지요. 빛과 소금 된 삶이 그만큼 어렵다는 반증이지요. 하지만 그렇다고 '모든 사람이 구원받기를 원하시는 하나님의 뜻이 퇴색되거나 없어지는 것이 아니지요. 세상은 우리가 아무리 복음을 외쳐도 들으려 하지 않습니다. 그러나 하나님의 자녀 된 우리는 오늘도 복음을 외쳐 듣는 사람 하나를 찾아야 합니다. 막상 창립 예배는 드렸지만 재정이 부족하여 에어컨을 설치하지 못했는데 할 수 있는 방법들을 다 동원해 에어컨 설치를 시작했습니다. 설치 기사가 두 명인데 한 명은 바로 인정하고 받아들이는데 업체 사장의 아들이라는 젊은이는 전혀 듣지 않고 배척합니다. 23년 전부터 제주선교의 어려움을 익히 알지만, 실로 답답하고 마음이 무겁네요. 오늘 작...

[김성남] [오전 10:25] 오늘도 하나님 안에서 참된 자유함을 누리는 집사님과 함께 일하는 모든 이들에게 하나님의 평강이 함께 하기를 기도하며 축복합니다. 샬롬~

고해

오늘 어떤 목사님의 인터넷 설교를 듣던 중 실수로 그런 건지 일부러 그런 건지 고멜을 고해로 잘못 발음하는 것을 들었습니다. 그래서 본문인 호세아서를 자세히 읽어 보기로 했습니다. 그 중 1장과 2장을 유심히 관찰하였습니다. 과연 읽던 도중 임재범의 고해를 떠올리게 하는 것이었습니다. 나중 가수 박완규가 다시 부르기도 했던 그 "고해".

어찌합니까? 어떻게 할까요
감히 제가 감히 그녀를 사랑합니다
조용히 나조차 나조차도 모르게
잊은 척 산다는 건 살아도 죽은 겁니다

세상의 비난도 미쳐 보일 모습도

모두 다 알지만

그게 두렵지만 사랑합니다

어디에 있나요

제 얘기 정말 들리시나요

그럼 피 흘리는

가엾은 제 사랑을 알고 계시는가요

용서해 주세요

벌하신다면 저 받을게요

허나 그녀만은

제게 그녀 하나만 허락해 주소서

Oh, I love JESUS

it's only ours you know what I mean

어디에 있나요

제 얘기 정말 들리시나요

그럼 피 흘리는

가엾은 제 사랑을 알고 계신가요

용서해주세요
벌하신다면 저 받을게요
허나 그녀만은
제게 그녀 하나만 허락해 주소서

어디에 있나요
제 얘기 정말 들리시나요
그럼 피 흘리는
가엾은 제 사랑을 알고 계신가요
용서해 주세요
벌하신다면 저 받을게요
허나 그녀만은
제게 그녀 하나만 허락해 주소서

(출처 : 네이버)

호세아는 히브리어로써 그걸 또 헬라어로 발음하면 예수라 했습니다. 하나님께서는 신부 되지 못할 우리를 신부로 삼으시려고 자기의 아들을 보내실 것과 보내신 것을 오래전부터 예기해 놓은 것으로 나는 보여집니다.

임재범 씨가 크리스천이란 말을 어디선가 들은 적이 있는 것 같습니다. "고해" 그 가사 한 구절 한 구절이 왜 그리도 처절하게 느껴지는지 이제 알 것도 같습니다.

"세상의 비난도 미쳐 보일 모습도
모두 다 알지만
그게 두렵지만 사랑합니다"

오늘 내가 고멜보다 더한 나를 알아버렸으니
아, 나는 어떻게 해야 할지를 모르겠습니다.

그 "고해" 한번 들어 보겠습니다. 첫 번 째 것이 임재범 가수의 고해이고 두 번 째 것이 박완규 가수의 고해 입니다.
https://www.youtube.com/watch?v=se54TCtTFsQ
https://www.youtube.com/watch?v=b_PP_-7gHoE

친구를 위한 기도

오늘은 친구 중에서 내 가장 친한 친구 이야기를 해야 합니다. 내가 안성서 서울로 이사를 오기 전까지 같은 교회를 다녔던 친구입니다. 그는 공부도 잘했던 친구 입니다. 현재 인천서 사무실을 운영하고 있기도 합니다. 그렇게 친한 친구와 두어 주 전에 사소한 말다툼이 있었습니다. 동성연애에 대한 사견이 서로 달라 종교적 해석으로 약간의 말다툼이 있었던 것입니다. 친구는, 그들도 믿을 자격이 있는 게 아니냐.라는 생각이었고, 나는그 동성연애가 개인적 취향이라든지 연민의 대상이 되어서는 안 되고 질환으로 보아야 한다고 말했습니다. 분명 그 성적 개성은 정상적인 유형이 아니므로 치료해야 할 대상으로 보아야 하며 충분히 치료될 수 있는 증상이라 말했습니다. 성경 여러 곳에 나오는 동성 연애에 대한 언급을 말하며 결코 죄인의 범주에서 벗어날 수 없는 분류라고 말했습니다.

또 우리의 교회가 종교가 아닌데도 그들이 자신의 안위를 위하여 교회를 종교화시켜 가는 행위들에 대해서도 얘기했습니다. 십계명에서 우상 숭배에 대한 언급이 2계명까지 올라가 있는 중대성을 좌시해서는 안 된다고 했습니다. 이를테면 하나님 안에서 스스로가 주인이 되고 우상이 되어가는 것들을 지적했습니다.

그랬더니 친구는 "나는 복잡한 게 싫다."라고 단정해버리는 거였습니다. "너무 깊이 빠지면 광신도가 되는 것 같아서 싫다."라고 그러는 거였습니다. 통화가 자꾸 길어지는 것도 같고 해서 어색한 기분만을 남기고 전화를 끊었습니다.

그러고는 잠시 친구를 위해 기도하는 시간을 가졌습니다.

"주여! 제 하나밖에 없는 친구를 용서하여 주옵소서. 그가 진정으로 주 예수를 알고 온전한 아버지 하나님의 백성으로 거듭나게 하옵시고, 그도 천국의 백성ㅣ 될 수 있도록 주의 크신 은혜를 배풀어 주옵소서."

라고 기도를 하였습니다.

그런데 오늘, 아주 우연히 그에게 전화를 하게 되었습니다.

우리는 보통 전화를 하면 농담 삼아서 "뭐 특이한 거 있어?" 이렇게 묻곤 합니다. 그러면 전화를 건 쪽에서 "별거 없다 그냥 심심해서 걸었다."라고 그럽니다. 오늘도 내가 전화를 걸고 친구는 역시나 뭐 특이한 거 있냐? 이렇게 물어오는 것이었습니다. 그런데 오늘 나는 내 입에서 평소 하던 말이 아닌 특이한 말이 나오는 것이었습니다.

"내가 너한테 전화를 건 것이 특별한 일이지 뭐가 특별한 일이겠느냐?"

나도 모르게 이렇게 말을 하는 거였습니다. 그렇게 말하고 나니 그의 목소리도 평소와 다른 것 같기도 했습니다.

친구는 어제와 오늘 있었던 일들을 이야기 하기 시작했습니다. 아내가 갑자기 뇌혈관 파열로 지금 뇌수술을 하고 중환자실에 누워 있다는 것이었습니다. 새벽 1시에 수술을 하였는데 아직도 정신이 돌아오지 않고 있다고 했습니다.

링거 바늘을 온몸에 벌집이 되도록 꽂아 놓고 종아리 혈관이 다 터져 있는 상황을 보고 말았다고 했습니다. 그러면서 그토록 의연하던 친구가 울기 시작하는 것이었습니다.

"친구야! 기도해라. 나도 기도할게."

"그.. 래. 기도할게."

"전화 끊는다. 하나님은 항상 너와 함께 하실 거다 힘내라."

"… …"

친구를 위한 기도

그렇게 통화를 마치며 친구가 울고 나도 울었습니다. 울음이 봇물처럼 터져 어찌할 수가 없었습니다. 그러나 친구가 우는 것과 내가 우는 것은 조금 다른 이유였습니다.

그는 아내의 종아리에서 혈관을 찾기 위해 여기저기 찔러 놓은 모습에 맘 아픈 것과 아직도 정신이 돌아오지 않고 있는 모습 때문에 우는 것이 분명합니다. 그러나 나는 오늘 하나님을 또 발견하였습니다. 그래서 눈물이 하염없이 흘러내리는 거였습니다.

"하나님은 기필코 구원하고자 하는 사람은 구원한다."는 걸 알았습니다. 기어이 벼랑 끝에 내몰아서라도 당신을 매달리게 한다는 것을 알았습니다. 친구의 기도문을 열어 하늘을 바라볼 수 있게 하시는 그 은혜를 알 수 있었던 것입니다. 그도 천국 백성이 될 수 있겠구나 싶으니 기뻐 눈물이 그치지를 않는 거였습니다.

또 하나, 내 입도 내 것이 아니라는 것도 알았습니다. 내 의지와 관계없이 주님이 쓰시고자 하면 나도 모르는 말로 단어의 조합이 이루어진다는 것도 알았습니다.

'내가 너한테 전화를 건 것이 특별한 일이지 뭐가 특별하겠느냐?'라고 말한 것은 정말 나도 모를 일입니다.

'기도해라 친구야.' 그 말 한마디가 오늘 그에게 찾아간 복음이 되기를 기원합니다. 그걸 알아 듣기를 나는 기도하고 원합니다.

주여!
지금 밖에는 비가 옵니다.
내 가장 친한 친구가 울고 있습니다.
뜨거웠던 아내의 사랑이 붉게 흘러 내립니다.
이미 터져버린 머릿속 혈관으로
그의 죄를 완전히 사하여 주옵시고
새 생명으로 깨어나는 기적을 허락하옵소서.

우리의 힘은 나약하여 어찌할 방법이 하나 없습니다.
유다와 같고 고멜과 같고 가인과 같은 우리의 죄를
예수 그리스도의 은혜로 사하여 주옵시고
지금껏 알면서 모르면서 지은 죄를 모두 사하여 주옵소서.
다만 그의 삶 속에 주를 영접하게 하옵소서.
세상 어떤 유혹도 그의 믿음을 꺾지 못하게 하옵시며
아는 것으로 끝나지 않고 행함으로 온전해지는
믿음을 허락해 주옵소서.
더 이상 두려워하지 않을 수 있도록
그 가정에 화목 화평을 배풀어 주옵소서.

지금이 기도할 때라는 걸 깨닫게 하시고
기도만이 살 길이라는 걸 알게 하옵소서.
이 모든 게 주님의 계획 가운데 있다는 걸 알게 하옵시며
아버지 하나님의 섭리에 온전히 순종하게 하소서.
예수 그리스도의 이름으로 기도드리옵나이다.
아멘.

스스로 만든 감옥

저희 업장 직원 중 믿지 않는 직원이 한 세 사람 정도 있습니다.

그중 두 직원은 데면데면한 반면 한 직원은 "하나님은 없다."라고 노골적으로 말을 합니다. 중, 고등학교와 대학을 기독교 재단의 학교를 다녔는데도 하나님을 영접하지 못한 직원입니다. 내가 체험한 하나님의 은혜를 수 차례 들려주어도 결론에 가서는 역시나 '하나님은 없다.'라고 말을 합니다.

그런데, 예전에 하나님을 부인하는 말을 듣게 되면 몹시도 화가 났는데 요즘은 그렇지 않습니다. 마치 무슨 치부를 들킨 것처럼 민망스럽고 그러던 것이 요즘은 되려 그 사람이 측은해 보입니다. 스스로 만든 감옥에 갇혀 살면서 주님 안에서의 자유를 거부하는 그 삶이 몹시 안타까워 보이는 것입니다.

믿음 생활을 하는 데 있어서 성경을 바르게 해석하지 않고 알게 되면 그토록 적극적으로 거부하는 사람이 되고 마는 것 같습니다.

오늘 새벽에 들은 어느 목사님의 말씀이 은혜롭습니다.
"성경은 먼저 하나님께서 우리를 위해 행하신 일을 알고 배우는 것입니다. 그렇지 않고 우리가 하나님을 위해 해야 할 일을 먼저 찾아다니면 피곤하여 낙심하게 됩니다."
더불어 이렇게 덧붙입니다.
"성경을 활자로만 이해하게 되면 그 안에서 나 스스로 규칙을 만들게 됩니다. 활자 이외의 것이 그 속에 있는 걸 찾아내야 합니다. 그것의 범위는 무한하여 인간이 배열해 놓은 글자들의 세계와는 비교할 수 없는 한계를 가집니다."
나는 지금껏 하나님을 거부하는 그 직원에 대하여 심각하게 생각해 본 적이 없습니다. 루소와 간디처럼 성경을 어떤 법전처럼 여기게 되면 그처럼 하나님을 적극적으로 거부하는 사람도 나오게 된다는 걸 새삼 깨닫게 되었습니다. 스스로 감옥을 만든 경우인 것입니다.
앞으로도 내게 보여진 것을 그에게 알려주는 방법은 쉽지 않을지도 모르겠습니다. 이미 여러 학교들을 거쳐오면서 딱딱해져 버린 활자 안에서의 해석이 그 안에서 우상을 만들고 있기 때문일 것입니다.

 이미 언급한 내 친구와도 비교되는 것 또한 어쩔 수 없습니다. 하나님은 구원하고자 하시면 반드시 구원하고 만다는 걸 나는 알고 있으므로 그가 말하는 하나님은 없다라는 말이 조금은 기분이 나쁠지는 모르겠습니다. 그렇지만 화날 정도는 아닙니다.

 그저 측은해 질 뿐입니다.

쌀 씻기

　요즘은 논에서나 정미소의 기계시설이 좋아 가정에까지 오는 쌀이 매우 위생적입니다.
　내가 어릴 적만 하더라도 집에 있는 쌀은 여러 세척 과정을 거쳐야만 밥상에 오를 수 있었습니다. 먼저 쌀독에서 쌀을 퍼내면 우선 육안으로 이물질을 찾기 시작합니다. 이를테면 바구미(쌀벌레) 피씨(풀씨 일종) 볏짚 부스러기 등을 찾아냅니다.
　그리고 샘(우물)으로 갑니다. 물을 몇 바가지 부어서 한 차례 씻어냅니다. 그런 다음 손바닥을 이용하여 벅벅! 소리가 나도록 쌀을 잃기 시작합니다. 수 차례 이것을 반복하여 물이 말간해 질 때까지 헹궈냅니다. 이제부터는 조리를 이용하여 쌀을 건져냅니다. 그것은 눈으로 보이지 않던 돌멩이들이 아래로 가라앉아 있기에 하는 작업입니다. 그렇게 해야만 쌀 씻는 일이 끝이 나고 밥을 앉힐 수 있는 것입니다.

시렁에 얹어 놓았던 찐 보리쌀을 반반 정도 섞으면 가마솥에 밥을 앉힐 수 있게 되는 것입니다. 우리 집은 국민학교 3학년 무렵까지 전기가 들어오지 않는 시골에 살았으므로 아궁이에 불을 때야만 밥을 할 수 있는 집이었습니다.

오늘 새벽 어느 목사님의 설교를 듣다가 문득 이런 생각을 합니다. 왜 같은 성경을 가지고도 저렇게 다른 해석이 나올 수 있을까, 왜 씻지 않은 쌀로 지은 밥을 먹는 기분일까, 이 버석거리는 기분은 어디서 기인한 것일까…

내 어린 국민학교 시절에 우리집에는 세 분의 여자가 있었습니다. 할머니와 어머니와 누나 이렇게 셋이 있었습니다. 그 중 어머니가 밥을 지을 때는 대체로 문제가 없었으나 할머니와 누나가 밥을 지을 때에 다양한 사건이 발생하였습니다.

할머니가 밥을 할 때는 눈이 침침하신 것인지 바구미나 풀씨가 드문드문 있었습니다. 설익을 때도 있었습니다. 그리고 누나가 밥을 할 때는 성질이 급한 탓에 조리질을 건성건성 하여 돌멩이가 자주 씹혔습니다. 여기저기서 빠득, 빠득! 돌 씹는 소리가 났습니다. 그리고 누나는 누룽지를 좋아하여 밥이 탈 때가 많이 있었습니다.

그래서 나는 오늘 새벽 어느 목사님의 설교에서 왜 저런 해석을 하시게 되었을까 하고 생각하기보다는 그냥 살아온 과정에 초점을 맞추기로 했습니다. 내가 누나더러 밥에서 돌멩이가 씹히지 않냐고 불평이라도 하면 누나보다 엄마가 먼저 한마디 쏘아 붙입니다.

"시끄러. 얼른 밥이나 처먹어."

그렇습니다. 밥을 먹는 게 더 중요한 것이었습니다. 내 혀로 돌멩이를 골라낼 수 있는 것도 오늘 그 설교에서 문제를 발견할 수 있는 것도 반복되는 저작(입으로 씹는 행위)이 있었으므로 가능했던 것입니다. 다만 살아온 과정과 환경이 달라 조금은 다른 해석이 나올 수 있는 것을 알게 하신 하나님께 감사할 뿐입니다.

요즘의 교회들을 보면 하도 이단 이단 하여 어느 종파가 어느 교회가 이단인지도 모를 지경에 와 있습니다. 진짜가 가짜 같고 가짜가 진짜같은 세상이 올 것이라는 성경의 말씀도 긴박해져 가고 있는 것 같습니다. 그래서 그러한 것들을 제쳐두고 들을 수 있는 눈도 필요해 보입니다. 꿀처럼 달다 하여 다 해가 되는 것도 아니고 소태처럼 쓰다 하여 다 득이 되는 것 또한 아닐 것입니다.

닥치고 밥이나 먹으라는 어머니 말씀이 귀에 달게 들려옵니다.

다만 명확한 분별의 눈을 뜰 수 있도록 나는 기도해야 합니다.

미친 것들

[택시 기사] 그라니께 지가 인자 트라마가 생겨설라므네 자폐증 아덜들은 태우기가 좀 그렇다니께요.
[허집사] 무슨 안 좋은 일이 있었나봐요?
[택시기사] 아, 글시 요로코롬 걍 운전 잘허고 가는디, 그냥 느닷없이 귀퉁배기를 쌔려 뻔지드라니께요.
[허 집사] 보통 자폐증 아이들은 보호자가 항상 동반하게 되어 있는데 어떻게 그랬을까요? 거참...
[택시기사] 걍 경증의 경우는 혼자서도 태우고 그렇게 넘어가는 거지요. 그런디 갸덜 경증인지 중증인지 얼굴 봐서는 알 방법이 없잖여요.
[허집사] 그렇겠네요. 많이 놀라셨겠어요.
[택시기사] 허기사 그건 별거 아니지 싶기도 혀요. 뭔 시상

이 뒤집어질라 카는지 인천선가 어디서는 조현병 환자가 걍 뒤에서 기사를 칼로 푸우욱! 찔러 죽인 일도 있었다잖여요. 조금 전만 해도 거스름돈 잘못 줬다고 지랄허는 것들이 있지를 않나... 좋게 야그허면 알아서 줄텐디... 하여간 시상이 요상해가지고 설라므네...

오늘 교회 가면서 타고 간 장애인 바우처택시 기사와 나눈 얘기입니다.
희한한 것은 강단 말씀에 내가 집중하기를 원하시는 것인지 그 택시 기사와 나눈 얘기와 딱 알맞은 설교가 있었습니다. 말씀은 마가복음 5장 2절에서 5절까지였습니다.

"예수께서 배에서 내리시니, 곧 악한 귀신 들린 사람 하나가 무덤 사이에서 나와서, 예수와 만났다. 그는 무덤 사이에서 사는데, 이제는 아무도 그를 쇠사슬로도 묶어 둘 수 없었다. 여러 번 쇠고랑과 쇠사슬로 묶어 두었으나, 그는 쇠사슬도 끊고 쇠고랑도 부수었다. 아무도 그를 휘어잡을 수 없었다. 그는 밤낮 무덤 사이나 산속에서 살면서, 소리를 질러 대고, 돌로 제 몸에 상처를 내곤 하였다."

말씀 합독이 있은 후 강단에서는 요즘의 귀신 들린 이들의 대한 설교가 있었습니다. 실로 요즘의 세태는 위의 글에서처럼 믿는 사람이 보기에 뿐만 아니라 믿지 않는 사람들이 보기에도 정상적이지 않다는 걸 알 수 있습니다.

몇 달 전에 전 남편과의 사이에서 난 딸을 새 남편이 승용차 뒷자리에서 목을 졸라 죽인 일을 이야기로 들은 적이 있었습니다. 그때 그 아이의 엄마 되는 여자는 앞자리에서 새 남편 사이에서 낳은 아들에게 젖을 물리고 있었다고 했습니다.

이것은 어떻게 도덕 윤리로 설명 할 수 없는 끔찍한 일이 아닐 수 없습니다. 그 안에 어떤 불가항력적 존재가 있지 않고는 짐승도 하지 않을 그토록 무서운 일을 할 수 있었는지 궁금할 뿐입니다.

인간을 지배하는 다섯 가지 정신을 "영.혼.백.의.지"로 구분해 놓은 것을 어느 책에선가 본 적 있습니다.

거기서 영과 혼을 합쳐서 "영혼"이라든지 혼과 백을 합쳐서 "혼백"이라든지 의와 지를 합쳐서 "의지" 등으로 불리기도 한다고 합니다. 그래서 내가 오늘 생각난 것은 우리 믿는 이들이 관심을 가지고 봐야 할 것은 맨 앞에 있는 영을 주목하려 합니다.

영은 원래는 외적인 것으로 내 안에 들어와 자리를 잡는 순간 의와 지의 주인이 되기도 하고 그것을 망가뜨리기도 합니다. 그 범위 안에 사탄을 끌어들이면 사탄의 노예가 되고 그리스도의 영을 옮겨 놓으면 우리의 주님께서 주인이 되는 것입니다.

우리가 죽어 육신이 소멸할 때 "백.의.지" 이 셋은 같이 소멸된다 하였으나 영혼만은 천국에 들어갈 수 있는 것이라 했습니다. 내 의지가 필요치 않는 그곳, 연결고리가 되는 백, 그것 또한 필요치 않은 것이라 했습니다.

미국에서 살인 사건의 원인 중 가장 큰 것이, 상대방이 나를 기분 나쁘게 쳐다봐서 그랬다고 했습니다.

그 얘기를 뉴스에서 들었을 때 나는 종말의 때가 가까워져 오고 있다는 생각을 하지 않을 수 없었습니다. 사탄 마귀들이 자기들의 존재를 거리낌 없이 드러내고 또 법들도 그런 사탄을 옹호하는 것까지 여러 나라들에서 생겨나고 있습니다.

이를테면 상대를 쳐다볼 때는 몇 초 이상 봐서는 안 되고 쳐다볼 때는 시선을 어떻게 해야 한다는 법도 있습니다. 실제 사건이 발생하였을 때는 그런 법규를 얼마나 잘 지켰느냐에 따라 가해자의 처벌의 과 중을 결정하게 됩니다. 참으로 애통 절통한 일이 아닐 수 없습니다. 사람이 사람을 마음대로 쳐다보지도 못하게 된 세상이 되어버리고 만 것입니다.

오늘은 내 안에 성령이 임하셔서 나의 의지를 주님이 주관하는 의지로 바꾸어 놓은 행복한 날이 되길 바랍니다.

크로스비를 생각하며

오늘 강단 말씀 말미에 "크로스비" 여사의 이야기가 있었습니다.

내가 시각장애인으로 살아가면서 여러 문인들을 저서들을 통해 접해 보았으나 하나같이 감동적이지 않은 인물은 없었습니다. 이를테면 헬렌 켈러와 존 밀턴과 호메로스가 그렇습니다. 그리고 크로스비는 약 4년 전 어느 전도사님을 통해 이야기를 처음 들었었습니다.

예수로 나의 구주 삼고 성령과 피로써 거듭나니
이 세상에서 내 영혼이 하늘의 영광 누리도다
온전히 주께 맡긴 내 영 사랑의 음성을 듣는 중에
천사들 왕래하는 것과 하늘의 영광 보리로다

주안에 기쁨 누림으로 마음의 풍랑이 잔잔하니
세상과 나는 간 곳 없고 구속한 주만 보이도다
이것이 나의 간증이요 이것이 나의 찬송일세
나 사는 동안 끊임없이 구주를 찬송하리로다

당시 찬송가 204장을 전도사님과 함께 부르며 그 가사에 내용들을 음미하는 시간을 가진 적이 있습니다.
'찬양은 곡조 있는 기도다.'라는 말은 믿는 사람들이라면 누구나 들어본 말일 것입니다. 주 안에서 사랑의 음성을 들었다면 눈이 보이지 않더라도 '천사들 왕래 하는 것과 하늘의 영광 보리로다.'라는 기도는 자연스러운 감동이 될 수 있는 것입니다.
지금껏 내가 써온 글은 여러 사람들에게 감동을 주기 위한 것으로 그 방향성을 유지하려 애써왔습니다. 그러나 더 많은 사람들에게 읽혔으면 좋겠다는 생각을 또한 개입시키다 보니 다분히 내가 가지지 못한 문학적 재능에 까지 넘어가려 애써온 것이 또한 사실입니다.
오늘은 그러한 마음조차 버리기 위해 이 글을 씁니다. 그저 내가 받은 감동만으로도 얼마든지 좋은 글이 쓰여질 수 있다는 걸 상기하면서 앞으로의 글을 전개해 나갈까 싶습니다. 그렇게 방향을 정할까 싶습니다. 존 밀턴이나 호메로스와 같은 사람이 되기 보다는 헬렌 켈러나 크로스비와 같은 낮은 감동으로 나의 지면을 채워 나갈 것입니다.

예전 어느 건강식품 광고에서,
"정말 좋은데, 남자들한테 정말 좋은데... 직접 말하기도 그렇고..."
이렇게 대사가 있던 광고가 있었습니다. 그러나 나는 입으로 말할 수 없는 걸 글로 표현할 수 있는 재능이 있다는 걸 최근 깨달았습니다.

입은 한 번 뱉으면 끝이 나지만 글은 발표가 되기 전까지 얼마든지 수정할 수 있다는 것도 그러한 이점을 가지게 합니다.

주여, 바다보다 더한 당신의 은혜가 너무 커서
나는 기도할 수 밖에 없습니다.
나의 하루가 어둡지 않아서
폭풍 같은 세상을 보는 중에 천국을 바라는 오늘이 됩니다.

눈을 대신하여 귀를 열어 주시고
귀를 대신하여 내 영안을 등대처럼 밝히십니다.
내 평생의 은혜가 넘쳐
주님의 영광을 바라보는 시선이 됩니다.

이것이 내 평생의 기도가 되게 하시고
늘 온유한 찬양이 되게 하소서
오늘이 내 입술의 자랑이 되고
내 삶의 축복의 항해가 되게 하소서
아멘.

오직 의인은 믿음으로 말미암아 살리라

　로마에 가면 스칼라 산타라는 성당이 있습니다.
　이 성당은 여느 성당처럼 예배를 위한 성당이 아니라 예수 그리스도의 활동 당시 빌라도의 법정 안에 있던 계단을 옮겨 놓은 곳이라고 합니다. 당시 예수께서 심문을 받기 위해 붙잡혀 올라가셨던 그 계단입니다.
　이 계단은 콘스탄틴 황제가 어머니를 위해 예루살렘에서 로마로 옮겨 놓은 것으로 만은 사제들과 사람들이 찾는 곳이라고 했습니다. 사제나 성도들은 이 계단을 무릎으로 기어서 올라가며 자기의 죄 사함을 받기를 기도하는 장소가 되었다고 합니다. 예수의 고난을 되새기는 것입니다.
　성당이 건축되고 나서 약 1200년 후 어느 젊은 사제가 이곳을 찾았습니다. 이 사제 역시도 무릎을 꿇고 계단을 올랐습니다. 그 위에 서서 무릎이 아픈 이런 상황을 감내하는 것이 과연 죄 사함과 관련이 있을까 깊이 고심하게 되었다고 합니다.

그때 "오직 의인은 믿음으로 말미암아 살리라."는 로마서 1장 17절의 말씀이 사제의 귀에 새롭게 들려왔습니다. 그 말씀의 참뜻을 깨닫게 되고, 구원에 관한 중요한 진리를 발견하게 된 것입니다.

그가 우리가 잘 아는 마틴 루터입니다.

당시 독일의 사제인 요한 테첼은

'주화가 돈궤에 쩔렁 떨어질 때, 영혼은 연옥에서 뛰어오른다.'

라는 말을 전국에 설파하고 구원 장사를 하고 다니던 때였습니다. 그리하여 루터는 권위가 성경에 있는가 아니면 교황에게 있는가를 고심하게 되었습니다. 그 후 루터는 95개 테제를 완성하였습니다. 비텐베르크 성당에 이 태제를 붙이게 되고 약 2년 후에 종교 개혁의 필요성이 두각되었다고 합니다.

나는 루터의 종교 개혁의 동기를 되짚어 가면서 "오직 의인은 믿음으로 말미암아 살리라."는 그 말씀에 주목하지 않을 수 없습니다. 그러던 중 오늘 어느 목사님의 설교에서 이런 말씀이 있었습니다.

하나님의 의는 신약에서만 있는 게 아닙니다. 그 말씀의 진위는 하박국에서 증거합니다. 그대로 옮겨 싣자면 다음과 같습니다.

"보라 마음이 교만한 사람은 그 안에 정직함이 없느니라. 그러나 의인은 믿음으로 말미암아 살리라."

하박국 2장 4절의 말씀입니다. 과거에서 현재까지 혹은 앞으로 있을 미래까지 하나님의 의의 기준은 믿음이었다는 것입니다. 무릎으로 딱딱한 층계를 오르는 것도 혹은 교회에 헌금을 많이 하는 것도 자신의 죄 사함과는 관련이 없다는 것을 우리는 알아야 할 것입니다.

선행되어져야 할 믿음이 빠져있으면 그 행위들은 자신을 학대하는 세비스트의 행위와 다를 게 없다는 것입니다. 그 믿음 뒤에 두지 않고 앞에 두어야 하는 그 믿음이 앞장서게 되면 내 육신의 고행은 교회의 일과 헌금으로 자연스럽게 옮겨가는 것입니다. 거기로 귀결(歸結)되는 것입니다. 기도하는 것도 찬양하는 것도 말씀을 묵상하는 것도 어렵지 않은 것입니다.

그럴 때 나의 천국은 완성되어 지는 것입니다. 저는 그렇게 보았습니다. 그렇게 보여졌습니다.

적응자 &
부적응자

　1995년에 개봉했던 영화 쇼생크 탈출은 우리에게 많은 것을 생각하게 합니다. 촉망받던 은행 부지점장 '앤디'라는 인물이 아내와 그 애인을 살해한 혐의로 종신형을 받고 쇼생크 교도소에 수감되는 것으로 영화는 시작되는데, 복역 중 많은 어려움이 적나라하게 드러나 있는 게 이 영화의 볼거리를 더합니다. 폭력과 동성연애 같은 사건들이 수없이 다루어집니다.
　그리고 영화가 본격적으로 흥미를 더하게 되는 지점은 앤디의 바깥세상에서 하던 일이 이 교도소 안에서도 실력 발휘가 된다는 부분부터입니다. 그 재능 때문에 출감은 자꾸 미뤄지게 되면서 앤디 저 자신에게는 바깥세상만이 살 길이라는 생각을 가지게 합니다. 그리하여 앤디는 탈출을 모색하게 되는 것이 이 영화의 포인트 부분입니다.

지금 생각해 보면 나는 여기서 두 종류의 사람이 있었다는 생각을 세삼 떠올립니다.

"적응자, 부적응자"

극 중 말미에 모건 프리먼이 역할을 맡은 레드가 편의점에서 한 대사가 저는 극 중 가장 명대사라고 보여집니다.

"저 화장실 좀 다녀와도 될까요?"

어느 목사님이 사람은 흙으로 빚어서 만들었으므로 이 지상의 것에 더 친근할 수밖에 없다고 설교를 통해 말했습니다. 그리고 현재의 삶 속에서 각인 되어진 습관은 지옥의 불길도 편안하게 혹은 당연하게 만드는 것이라고 했습니다.

그렇게 적응 되어진 감옥생활이 되려 그에게 더 맞게 여겨질 수밖에 없는 것이었습니다.

나는 이 영화를 통해 생각해 본 것이 우리는 이 세상을 통해 알아야 할 것은 행복이 아닐 수도 있겠다는 생각을 합니다. 천국에 소명을 두고 있는 사람으로서 세상 것에 적응하여 행복을 누릴 게 아닐 수도 있겠다는 생각을 한 것입니다. 매일 평안과 복을 빌며 현세의 안위를 바라는 믿음 생활이 과연 맞는 믿음 생활인가를 되새기게 한 것입니다.

쇼생크 탈출의 제목이 단순한 제목이었다면 좀 더 의미를 부여하여

"적응자 & 부적응자"

로 불리우는 것도 좋겠다는 생각을 하며 이 글을 다듬습니다.

조금 전에 출출하기도 해서 가스레인지 위에 있는 국을 데워 한술 뜨려는데, 콩나물국이었던 국이 바닥에 조금밖에 남아있지를 않습니다.

그래서 신김치를 한 젓가락 넣어 보글보글 한참 끓입니다. 물도 반 대접 붓고 맛소금 한 꼬집도 넣습니다.

그런 다음 밥 한 공기를 넣고 잠시 또 끓입니다. 그리고 맛을 보니 조금은 싱거운 것 같습니다. 그래서 고추장 양념 된 멸치도 한 숟가락 넣습니다.

"갱죽?"

맞습니다. 경상도 어디서는 개밥같이 생긴 이것을 갱식기 혹은 갱죽이라 불리는 것, 그 죽도 밥도 아닌 걸 오늘 맛나게 퍼먹었습니다.

죽어지면 여기 두고 갈 몸뚱어리, 갱죽이면 어떻고 식은밥이면 또 어떠랴 곱씹으며 맛나게 퍼먹었습니다.

오늘의 축복이 진정한 축복이 될 수 있도록

어제 오후 4시 17분경 이런 전화가 왔습니다.

"안녕하세요. 여기는 구상솟대문학인데요. 허상욱 선생님 되시지요?"

"네. 맞는데요…?"

"제가 무슨 일 때문에 전화를 드렸을까요?"

이때부터 저는 심장 속도가 갑자기 빨라지기 시작합니다. 지난달 구상솟대문학에 원고를 보내놓고 기다리고 있던 중이었기 때문입니다. 그러나 한편으론 결과가 이달 말미 혹은 내달 초에 있을 거라는 사전 공지가 있었으므로 애써 또 부풀어 오른 심장을 진정시킵니다.

"글쎄요. 무슨 일로 전화를 하셨을까요?"

"축하드립니다. 2023년 구상솟대문학상 최종 심사에 당선

되셨습니다."

"...? ...!"

"당선 소감 짧은 거 하나와 긴 거 하나 준비하셔야 하고요. 상금은 시상식 이전에 전달될 것이고요. 가을 특집호에 싣게 될 소감 원고를 ... ..."

제법 통화를 길게 한 것 같은데 기억에 남는 게 별로 많지 않습니다. 아무튼 내가 당선이 되었다는 것과 당선 소감과 상금 수령, 특집호, 원고, 소감문... 대략 이런 것들이 생각나 그것들을 조합하여 이 글을 쓰고 있습니다.

전화를 끊고 나서 내가 무슨 소식을 들은 건지 믿기지 않습니다. 그래도 내가 원고를 응모해 놓고 기다리는 걸 알고 있는 사람들에게 전화를 해야했으므로 얼른 정신을 추스릅니다.

먼저 활동 지원 선생님과 동생 세인이와 친구 몇몇에게 전화를 했습니다. 물론 업장의 가족들에게 일일이 말을 해 준 것도 당연합니다. 손님들도 덩달아 알게 되어서 축하를 하고 가게 안은 난리가 났습니다.

한참 그렇게 들뜬 기분으로 여기저기 전화를 돌리고 있으니 강 대리님과 정 대리님이 번갈아 가며 원장님 식사하셔야 한다는 말도 한 것 같습니다. 그러나 귀에 들리지 않습니다. 배도 고프지 않았던 모양입니다.

그런데 저도 참 많이 변화되었구나 싶은 게 그러던 중에 내가 이 글들을 써오던 초반 네 번째 글, "아버지의 기준으로"라는 제목의 글이 생각나는 것이었습니다. 좋아할 일도 그렇지 않을 일도 모두가 주님이 이유가 있어 주신 것으로 결말이 나지는 그 글이 생각나는 거였습니다.

과연 이 일이 기분 좋아해야 하는 일인지, 그리고 이 수상이 진정한 하나님의 축복으로 연결될 수는 없는지, 내게 축복이 축복일 수도 아닐 수도 있는 것이기에 오로지 그 정점에는 주님이 함께하셔야 한다는 생각을 새삼 다짐해 보는 거였습니다.

그래서 친구같기도 형 같기도 한 중학교 1년 선배 김 땡땡 목사님께 또 전화를 합니다. 바쁜 시간을 잠시 또 빼앗았습니다.

"나 오늘 이런 일이 있었어. 오늘 일들이 내게 진정한 축복이 되기 위해서 형한테 얘기하는 거야. 내 입으로 말을 해 놓아야 하기도 하고. 내 축복이 하나님의 영광이 되었으면 좋겠기에 전화한 거야."

그렇게 김 땡땡 목사님께 전화를 해 놓고 기도를 합니다. 또 마음을 그렇게 차분히 가라앉히고 있으니 이렇게 글도 잘 써집니다.

이번 주 주일은 다소나마 십일조도 있겠습니다. 감사헌금도 있을 것입니다. 떡도 조금 했으면 해서 친한 권사님께 전화도 해 놓았습니다.

책이 나오기 전에 이 글을 카톡으로 먼저 읽으시는 분들께서는 기도 부탁드립니다.

"내 오늘의 축복이 진정한 축복이 될 수 있도록."

4부

지난 6개월 조금 넘는 기간 동안 내가 이 글들을 써오면서
오롯이 깨달은 것은 오직 하나 뿐이었습니다. "죽어야 산다."
그렇습니다. 우리는 죽어야 사는 것입니다. 세상이 소멸할 때 같이
소멸되어질 것들에 얽매여 있지 않고 먼저 고개 숙여 그것들을
자진 납세하듯 내 발아래로 벗어 버릴 줄 알아야 하는 것이었습니다.

길을 찾아
나는 슬퍼합니다

길을 찾아서 나는 슬퍼합니다.

바람은 골목의 안쪽으로만 불어와 내 과거의 푸른 잎을 목 말라했습니다.

부질없는 것과 내 영혼의 무게를 저 높은 빌딩 숲에 걸어 놓고 나 아닌 내가 즐거워하는 척했습니다.

나무들의 푸석한 허물이 벗어 놓은 새벽 거리, 아쉬움을 버리지 못한 갈색의 잎들이 앞과 뒤를 구분하려고 내려앉았습니다.

그렇게 무게를 덜어낸 낙엽들이 바닥을 뒹굴고 있습니다.

사랑합니다.

라고 말하며 아직도 온전할 수 없는 걸음걸이로 절룩절룩 세상의 틈을 찾아 헤매일 때 가로등도 더 이상 깊은 잠에 듭니다.

내가 찾은 길은 딱딱하거나 그 안에서의 그리움은 새벽의 입김과 같아서 불편한 절망의 길이도 같이 길어집니다.

사랑하는 이여 아직도 천국을 말하시렵니까?
걸어가는 길은 벌레들의 천변을 향해 기울고 아직 세월의 틈으로 남은 달빛 속을 아쉬워할 때가 되려 많습니다.
형체도 없는 목소리가 나를 부르고 있습니까?
주여- 라고 부르는 내 오늘의 입김이 너무도 길게 늘어납니다.

애써 뻣뻣해진 관절을 부러뜨려 버리듯 나는 아픔도 모른 체 뼈마디를 접습니다.
이미 허름한 무릎에 내 가벼운 영혼의 무게를 얹어 보일 것과 보이지 말아야 할 것을 물끄러미 저울질합니다.
쓸려갈 것을 이미 다 쓸려 보내는 이 부질없는 거리의 낙엽으로 자꾸 구부러지는 길의 곡선 가운데서 내가 몇 점의 발걸음으로 남겨질 것 역시도 흘려보냅니다.
다 닳아버린 바람의 투명한 발바닥의 겉 거죽으로 남을 때까지...

이 양순한 햇볕이 모이는 광장에 오래 서 있더라도 행여 내가 만들어 놓은 그림자의 안쪽으로 장막을 세우고 거두려 나는 또한 애쓸 것입니다.

쉽게 뜨거워지고 차가워지는 내 가슴의 새벽은 점점 무뎌져 갈 것입니다.

그렇게 그 예리한 모서리에 또 손과 혀를 베일 것입니다.

길은 언제나 좁고 하나뿐이어서 찾는 이도 적을 것입니다.

그래서

나는 길을 찾아 슬퍼합니다.

아멘.

미말

나 같은 죄인 살리신 주 은혜 놀라워
잃었던 생명 찾았고 광명을 얻었네

큰 죄악에서 건지신 주 은혜 고마워
나 처음 믿은 그 시간 귀하고 귀하다

이제껏 내가 산 것도 주님의 은혜라
또 나를 장차 본향에 인도해 주시리

거기서 우리 영원히 주님의 은혜로
해처럼 밝게 살면서 주 찬양하리라
아멘

우리가 다 아는 찬송가 305장입니다. "나 같은 죄인 살리신"이 제목입니다. 찬송가는 앞의 첫 줄이 제목이 되는 경우가 많이 있습니다. 그만큼 그 첫줄이 중요하다는 것이겠습니다.

이 찬송의 작사는 존 뉴턴으로 1725년에서 1807년까지 살던 영국 런던 태생의 목사님입니다. 뉴턴 목사님은 오랫동안 타락한 삶을 살다가 토마스 아 켐피스의 저서 '그리스도를 본받아'를 읽고 감동받아 회심했다고 합니다. 고로 이 찬양은 그의 자전적 간증이 되는 셈입니다.

"나 같은 죄인 살리신"
저는 제목이자 첫 소절인 이 부분을 면밀하게 살펴볼 필요가 있다고 생각하였습니다. 죄인인데 왜 하필 나 같은 죄인이었을까?

찬양은 곡조가 있는 기도라고 했습니다. 그렇게 생각하면 이 찬양은 곡조가 있는 간증이 분명하겠습니다.

과거 이 찬양을 부를 때, 나는 아무렇지도 않게 예사로 불러온 게 사실입니다. 존 뉴턴이 이 찬양을 작사한 배경을 살펴보거나 나 자신이 어떻게 살아 왔는가를 되짚어 본다면 결코 앞 소절이 쉽게 도입될 수 없는 구절이 분명합니다.

그러나 그 죄성을 상세히 드러내지 않으므로 하여 모호성을 앞부분으로 내밀어 놓고 있습니다. 그렇다면 그 부분은 내

용상에 불성실이 드러납니다. 그 불성실을 통하여 불특정 다수를 포괄하고 있으므로 대체로 거의 모든 이들의 죄성을 폭로하고 있는 것입니다. 또한 아무렇지 않게 그저 노래의 한 소절로 부르는 사람이 있는가 하면 충만한 감동으로 간증을 동시에 이끌어내는 가사의 은혜를 얻는 성도가 발생하기도 합니다.

"나 같은 죄인 살리신" 그 한 소절로 내 신앙생활의 제목이 되는 사람이 있는 것입니다.

며칠 전 어느 설교에서 "미말"이라는 단어를 처음 들었습니다.

사전상의 의미로는 꼬리의 끝을 의미합니다. 장군이 전쟁에서 승리하여 포로 중에 우두머리 되는 죄수의 손을 묶어 타고 있는 안장에 묶어 끌고 가는 모습을 영화 같은 곳에서 종종 본 일이 있습니다. 고로 미말이란 그 끝에 죄수의 수괴처럼 묶여 끌려가는 사람을 말하는 것입니다.

신앙인의 자세라면 그 미말의 태도를 고수해야하는 게 아닐까. 물론 돌멩이가 날아오고 오물이 끼얹히고 들어주기 힘든 욕설이 난무할 것입니다.

우리는 사탄도 이길 수 없고 하나님도 이길 수 없습니다. 그러나 누구의 포로가 되었는가에 따라 내 영혼의 생사는 결정

되는 것입니다. 그렇게 생각합니다.

위의 나 같은 죄인 살리신 찬송에서 드러났듯이 그 삶을 얻은 대가는 오로지 천국밖에 없습니다. 이생에서의 부귀영화가 아닌... 오로지 개선장군 되신 하나님의 영광을 위하여 나는 미말의 수모를 감당해야 하는 게 아닐까 생각하며 지금껏 걸어온 오물 투성이의 길을 부끄러운 낯으로 되돌아보는 것입니다.

오십견과
이태석 신부

    오늘 어느 목사님 설교에서 들은 이태석 신부님, 그는 진정으로 훌륭하신 분입니다.
    가톨릭과 그리스도교는 물론이고 다른 종교의 교인들과 무종교인들에게까지 큰 존경을 받는 위인입니다. 수단 현지에서 부르는 애칭은 세례명 요한의 영어식 표기인 존(John)과 성씨 리(Lee)의 합성어인 "쫄리"라고 하는데, 남수단에서 활동을 했습니다. 그는 대한민국의 의사이며 가톨릭 살레시오회의 수도자였다고 합니다. 2001년부터 2008년까지 남수단에서 한센병 환자들과 폐병 환자들을 보살피며 지속적인 예방접종 사업을 벌였습니다. 특히 발가락이 뭉그러진 한센병 환자들을 위해 그들의 발에 맞춰서 한 명 한 명 본을 뜨고 특수 제작한 신발을 만들어 주었다고 합니다.

"너희가 내 형제들인 이 가장 작은 이들 가운데 한 사람에게 해 준 것이 바로 나에게 해 준 것이다." 하신 마태복음 25장 40절 말씀을 자신의 좌우명으로 여기고 의료활동을 해나갔다고 하는데, 그 더운 나라에서 밤에는 말라리아모기들을 피해 이불을 꼭꼭 덮고 잠을 자야 하기에 땀으로 목욕하다시피 밤을 지새웠다고 합니다.

그런데 2008년 10월, 휴가차 귀국해서 건강검진을 받았는데 대장암 4기라는 충격적인 결과가 나왔다고 합니다.. 그와 같은 암 선고를 받고도 돌아가겠다는 의지가 워낙 강해서 주변 사람들이 말리느라 고생하였다고 합니다.

말기 암 선고를 받자마자 "톤즈에서 우물 파다 왔어요. 마저 다 해야 해요."라고 말했다고 했고, "아이들이 기다리고 있어요. 어서 가야 해요." 하며 남수단에 가길 원했다고 합니다. 투병 중에도 자선 공연도 하고 각 지역의 성당을 직접 찾아가서 봉사활동과 지원을 호소하였지만, 결국 암이 간으로 전이되어 2010년 1월 14일 새벽 5시 35분에 사망하였다고 합니다.

유해는 담양군 담양 천주교 공원묘역 살레시오회 성직자 구역에 매장되었으며, 그를 추모하는 행렬들이 지금도 계속 이어지고 있다고 합니다.

그때가 이태석 신부가 47세였습니다.

그런데 오늘 나는 몇몇 직원들에게 몹시 짜증을 내었습니다. 지난 5월 아는 시인의 시집 평설을 쓰느라 무리를 한 탓에 좌측 어깨에 오십견이 왔습니다. 그 이후 밤에 잠을 편히 잘 수가 없습니다. 그러다 보니 피곤이 계속해서 누적되고 있는 것입니다.

조금만 주변에서 신경을 거스르게 하면 짜증을 주체할 수가 없습니다. 특히 같은 이야기를 반복해서 해야 하는 것에 나는 또 민감한 성격을 드러내고 말았던 것입니다.

그러던 중 오늘 이태석 신부의 이야기를 듣게 된 것입니다. 나는 고작 오십견 때문에 짜증을 부렸단 말인가, 라고 생각하니 내 자신이 부끄러워 주체를 할 수 없었습니다. 그는 대장암 4기라고 하지 않았는가, 그때 나이가 나보다 어렸을 나이 40 중반이 아니던가.라고 생각하니 쥐구멍도 내게는 호사라는 생각이 드는 것이었습니다.

마태복음 25장 40절 말씀을 나는 듣고도 왜 못 들은 척하며 살아가고 있는가, 내게 후회의 끝은 어디란 말인가…

하며 고심하고 기도하던 중 하나님의 음성이 또 들려옵니다.

"네 어깨의 통증은 그것으로 족하다."

맞습니다. 주님은 내게 아직 남은 세상의 것을 거두어가기 위해 한 달이 넘는 기간을 오십견을 겪게 하는 것이었습니다. 그런 것이었습니다. 내게 있는 고통으로 인하여 내가 더 낮아지기를 원하시는 것이었습니다. 고난 중에서 어떠한 모습으로 차츰차츰 완성하고자 하는 걸 알 수 있었습니다. 이것도 주님의 사랑이었던 것입니다.

아무래도 조만간 담양 천주교 공원묘역을 한 번 찾아가 봐야 할 것 같습니다.

휘청거리는 오후

"아무도 남의 고통에 대해 알 수는 없단다. (중략) 자라 나면서도 넌 매사를 이런 식으로 해결하려 들었다. 심지어는 연애를 할 때도, 결혼을 할 때도, 너는 현대의 연애 풍조는 이러저러하니까, 현대의 결혼 풍조는 이러저러하니까 하는 식으로 사회 풍조에다 응석만 부렸지 너 자신의 주관은 없었다. 내가 진정으로 바라는 게 뭔가에 대해선 생각하려 들지 않았고 네가 진정으로 바라는 걸 찾아내려고 애쓰지도 않았다. 그저 쉬운 대로 응석만 부린 거야. 그러더니 나중엔 잘못한 결혼의 고통을 회피하기 위해 약(藥)에다 다 응석을 부렸구나. 약에다 다 응석을 부리다니. 하긴 너 같은 응석꾸러기가 세상엔 많기도 많은가 보지. 응석받이용 약이 그렇게 많은 걸 보면"

박완서의 "휘청거리는 오후"에서 주인공 허성 씨가 딸 초희를 훈계하는 부분입니다.

전에도 조금 언급한 적 있겠으나 정신과 의사들의 처방은 이토록 큰 얘기 거리를 만들고 있습니다. 단순 중독에 의한 것은 물론이고 2차 3차 부작용으로 고도 비만과 무기력과 같은 증세들을 가지게 합니다. 그리하여 그들이 사회에서 영원히 배제되는 증상을 또 낳고 있습니다.

실제 필자가 운영하고 있는 업장의 경우에도 그러한 손님들이 있기도 하고 직원 중에도 경미하지만 그런 증세를 가진 이가 있습니다.

여러 원인이 있겠으나 자세히 들여다보면 다음과 같은 이유들로 내게는 구분 지어집니다.

첫째는 교육의 문제입니다.

오로지 성과 위주의 주입식 교육으로 인하여 아이들은 소외라는 형태가 당연시되어 사회성의 부재를 만들게 된 것입니다. 내가 찾아가는 배움이 아닌 타성에 물들어버린 교육으로 인한 부작용이라 볼 수 있는 것입니다.

둘째는 영리화 된 의학계의 문제입니다.

처방을 내려야만 치료비를 청구할 수 있는 현재의 의료 시스템이 나은 부작용이 바로 그것입니다. 오랜 시간을 두고 상담하여 치료를 꾀할 수 있는 것도 그와 같이 약물로 대처해 버리는 것이 일상화되어 있는 것이 점점 문제를 확산시키고 있는 것입니다.

셋째는 가족 구성원의 문제입니다.

서로 어울려 살지 않는 핵가족의 유형도 그렇거니와 내 안에서 문제점을 찾아야 할 것도 남에게 혹은 주변 환경에 회피하고 가족의 행동에 관심을 가지지 않는 것이 또 그렇습니다.

마지막은 정부의 문제입니다.

각종 새로운 법들이 생겨나는 것을 보더라도 결코 사람들이 어울려 살지 못하게 만드는 게 그렇습니다. 어떠한 경우에서든 상대에게 불편을 끼치는 일이라면 무조건 근절되어야 하는 법이 왕왕 생겨나는 것들이 그렇습니다.

나는 천국을 소원하며 믿음을 가진 성도로써, 이 문제를 위의 다섯 형태에서 더 나아가 우리 교회의 문제로 던져보고 싶습니다.

결국 사단의 역사는 이런저런 형태를 가지며 날로 더 심각해질 것이기에 우리 믿음의 성도들은 저러한 문제들에 과중을 인지해야 할 것입니다. 해결책이라 내놓으면서 우리를 더 망가뜨리는 일이 점점 더 많이 생겨날 것에 관심을 가져야 할 것입니다. 이러한 처방들이 과연 누가 내린 처방인지를 어서 알아차려야 한다는 말입니다. 약을 끊으라는 말이 아닙니다. 먼저 기도가 우선 되어져야 한다는 말입니다.

　의지할 대상의 방향이 다르기에 저는 몹시도 안타깝습니다.

내일은 푸른 하늘

'뱀은 주 하나님이 만드신 모든 들짐승 가운데 가장 간교하였다. 뱀이 여자에게 물었다. "하나님이 정말로 너희에게, 동산 안에 있는 모든 나무의 열매는 먹지 말라고 말씀하셨느냐?"'

위의 말씀은 창세기 3장 1절의 말씀을 그대로 복사한 것입니다. 나는 오늘 이 말씀을 통해 많은 것을 생각합니다. 이 말씀을 통해 긍정적인 사람과 부정적인 사람을 구분할 수 있는 눈을 뜹니다.

예를 들어 탁자에 물병이 하나 있습니다. 물병에는 물이 반쯤 남아 있습니다. 여기서 긍정적인 사람은 "물이 반이나 남아 있네."라고 말합니다. 반면에 부정적인 사람은 "물이 반밖에 안 남았네."라고 말합니다. 여기서 남은 것을 보는 그 미묘한 차이가 우리를 능동적인 사람으로 보이게 하거나 거꾸로 과거에 얽매이게 하는 수동적인 사람으로 보이게도 합니다.

우리는 흔히 뱀을 사탄에 비유하기도 합니다. 그렇다면 하와를 유혹했던 뱀은 확실히 사탄이 맞습니다. 하나님께서 유일하게 하지 말라는 것을 확대하여 동산 안에 있는 모든 것을 부정하는 마음을 심어주는 간교한 혀를 놀리고 있는 것입니다. 그 혀 놀림은 우리를 단순 에덴동산에서의 추방을 목적으로 한 것이 아니라 사망으로 끌어들이려는 행위였던 것입니다.

더 나아가 하나님을 대적하고 우리 스스로 그 자리를 탐내게 하거나 부정하게 하려는 간교한 혀의 놀림인 것입니다.

물론 우리 주변에도 그런 사람들이 많이 있습니다.

"안돼. 못해. 그건 니 생각이고…" 등등 수식을 늘어놓으며 상황을 부정하는 이들이 많이 있습니다. 일의 성패는 관심이 없고 오로지 자기의 목소리를 높이려는 것만이 목적인 이들이 많이 있습니다. 물론 저도 그러한 행동을 전혀 하지 않았다고는 말할 수 없습니다.

또 이런 것도 있습니다. 내가 할 수 있는 재능에 대한 태도입니다. 나는 왜 할 줄 아는 게 이거 밖에 없을까. 하는 맘으로 세상을 살아가는 사람이 있는가 하면 나는 이것도 할 수 있다. 이것도 할 수 있다. 하며 자기 긍정의 마음으로 세상을 사는 사람이 있습니다.

물론 이 세상이 물질만능주의 외모 위주의 세상이 되어가는 것은 사실입니다. 그렇기에 잘난 사람은 더 잘나게 되고 못난 사람은 더 못나게 되는 게 사실입니다.

내가 덜 가졌다고 불행하지 않으려면 못나서 비굴해 보이지 않으려면 내가 못 가진 것을 확대하기보다 가진 것을 확대하는 맘을 가져야 할 것입니다.

오늘 오후에 KBS 제3 라디오 인터뷰가 있을 예정입니다.

번번이 받는 질문 중에 나를 가장 불편하게 하는 게 "장애를 갖고 나서 불편한 점이 무엇인가?"입니다. 미리 오는 질문지에 이번에도 그 질문이 들어 있습니다.

손가락 열 개 다 무사하고, 두 다리 멀쩡하고 내가 신앙생활에 지장 없는 머리를 가졌으니 그 질문에 답할 게 도무지 생각이 나지를 않는 것입니다.

23년 08월 09일에 방송된 "내일은 푸른 하늘" 방송분을 찾아 들어보세요. 제가 뭐라고 하는지 한 번 들어보십시오. 미리 준비하지 않고 인터뷰하겠습니다.

그릇의 용도

예전에 수사반장이라는 프로가 있었습니다. 다양한 사건들을 다양한 각도로 풀어나가는 미스터리 범죄 스릴러였습니다.

오늘 새벽 어느 성경 강해를 듣던 중 그 프로가 생각난 것은 나름의 이유가 있다고 생각합니다.

그날 그 프로에서는 어느 시골에서의 풍경부터 시작됩니다. 마루에 사내 둘이 앉아 두런두런 얘기하는 모양이 처음으로 나옵니다. 사내 하나는 그 시골집 주인이고 하나는 서울서 놀러 온 사촌 형 정도 되어 보입니다.

시골살이와 도시의 삶을 푸념처럼 얘기합니다. 그렇게 한참 얘기하던 중, 아낙 하나가 설거지 다라이를 들고 와서 구정물 통에 설거지물을 촥악 쏟아붓는 장면이 나옵니다. 그때 도시에서 온 사내에게 그 구정물 통으로 쓰고 있는 항아리가 눈에 들어 옵니다. 누렇게 색이 바래있는 구정물 통이 예사 물건이 아닌 게 보여집니다.

"자네 저 저거 나한테 팔게나."
"에이, 구정물 통으로 쓰는 걸 뭐하려구 그려유?"
"그것까지는 알 것 없고 내가 쓸데가 있어서 그러니 나한테 팔게나."
"저걸 행님한티 줘불고 나면 우린 어데다 구정물을 담는 감유?"
"그거야 시장 가서 큼지막한 항아리 하나 사면 되지 내가 여기 만 원 줌세. 이거면 큼지막한 걸로 살 수 있을 거 아닌가?"
"어이구 이렇게나 많이…"
"대충 씻어서 주게. 내가 서울 가서 다시 씻을테니…"

당시 70년대 말 아니면 80년대 초반 이었으니까 만 원 정도로 항아리를 산다면 그래도 좋은 것으로 살 수 있을 것으로 보여집니다.

아무튼 그 사내는 서울로 그 구정물 항아리를 가지고 가서 몇 날 며칠을 수고하여 세척을 합니다. 먼저 약품을 이용하여 그 표면을 문질러 닦기 시작합니다. 그리고는 독한 소주를 안에 부어 며칠 동안을 우려내기도 합니다.

그러고 나니 숨겨져 있던 무늬가 드러나고 본래의 환한 백자의 빛깔이 살아나기 시작합니다.

하나님께서 우리를 세상으로 보내실 때 이미 우리의 용도는 정해져 있다고 하셨습니다. 내가 혹은 내 형제가 잠시 다른 방황의 길을 걷는다 하여도 하나님께서는 결코 우리를 포기하지 않으신다 하였습니다. 그리고 원래의 가치를 알아보는 주인에게 돌아가면 필히 겪어야할 단계가 분명 있습니다.

드라마 내용에서도 나와 있듯이 약품을 이용하여 구정물통으로 사용되었을 때의 누런 때를 벗겨내는 과정이 필요합니다. 독한 알콜의 세척도 필요할 수 있습니다.

왜 하나님을 믿게 되었는데 내게 이런저런 우환이 찾아오는 것인가요? 몸은 왜 여전히 아픈가요? 하고 물어볼 수 있습니다. 그래서 믿는 이의 고통은 분명 이유가 있는 것이라고 생각합니다. 그건 아직도 벗겨지지 않은 세상의 미련이라든가 이리저리 저울질하는 습관이 남아 있기 때문일 것입니다.

내게 남은 고난은 주님이 나를 붙잡고 있기 때문이라 생각하며 오늘 어제와 다른 새벽을 또 맞습니다.

새벽을 깨우리로다

요즘 김진홍 목사님의 "황무지가 장미꽃같이"를 읽습니다. 목사님 전도사 시절의 사역을 일일이 표현하자면 전 3권으로 되어 있는 그 책이 부족했을 것으로 보여집니다. 제가 썼어도 그보다 훨씬 긴 책이 만들어졌을 것 같아 보입니다.

그 책에서 가장 유심히 관찰하게 된 것은 사람의 본성을 보는 목사님의 눈이었습니다. 정확히 말하면 사람에 대한 가능성과 불가능에 대한 부분이었습니다. 그리고 그 가능성으로 인한 애민 의식에 대한 부분도 관심이 가지 않을 수 없습니다. 이를테면 청계천에서 사역할 당시, 폐병으로 다 죽어가는 남자를 약을 턱에 받히듯이 하고 심지어는 개구리까지 잡아다가 삶아 먹여가며 병을 고쳐 놓은 일이 있었습니다.

그런데 이 작자가 몸이 회복되고 나니 이때부터 마누라를 두들겨 패기 시작합니다. 매일 술 사 오라고 고함을 지르고 그 추운 날 자식들을 밖으로 내쫓습니다. 목사님이 달려가 보니 그 남자가 한다는 소리가 "아, 예수 선생! 어서 오시라요. 나하고 한잔 찌그립시다." 그러는 것이었습니다.

그뿐만 아니라 제정을 맡은 사람이 돈을 몽땅 훔쳐서 달아나는 일도 있었다고 합니다. 이리저리 돈을 꾸어다가 장사 밑천을 만들어 주었더니 그 돈을 날름 가지고 집도 처분해 버리고 도망간 사람도 있었다고 합니다.

어떤 날은 동네 아주머니 한 사람이 소고기를 20여 근이나 사서 불고기를 만들어 돌렸다고 합니다. 이게 무슨 고기냐 물었더니 돈이 좀 생겨서 이웃들과 나누어 먹는 중이라고 했습니다. 그래서 감사하는 마음으로 목사님도 맛있게 먹었다고 합니다. 그런데 며칠 지나지도 않아서 그 아주머니가 교회로 쌀을 꾸러 왔다고 합니다.

"전도사님, 죄송스럽습니다만 쌀 한 사발만 좀 꿔주세요."

며칠 전 비싼 쇠고기를 볶아서 돌릴 때는 언제고 이렇게 쌀을 꾸러 다니시는지 궁금하지 않을 수 없었다고 합니다. 그래서 목사님이 물어보셨다고 합니다. 그 아주머니 하는 말이 가관입니다.

"그때는 모처럼 돈이 생겼기에 죽기 아니면 살기로 먹어버린 거지요."

그렇게 말하였다고 합니다.

예전 조정래의 소설 "한강"에서 김진홍 목사님이 하나님의 음성을 듣는 부분을 나는 지금도 기억합니다. 죽어가는 동네 아낙을 등에 업고 중앙 의료원과 세브란스 병원과 서울대 부속 병원과 이화여대 부속병원을 돌다가 결국 자신의 등에서 그 아낙을 죽게 한 일을 나는 기억합니다.

그러다가 그 여인의 시신을 끌고 가다가 옆구리에 끼고 가다가 결국 뚝섬으로 이어지는 성동교 난간에 기대어 두고 하나님의 음성을 듣는 장면을 나는 기억합니다.

"진홍아, 네 등에서 죽은 그 여자가 누군지 아느냐? 십자가에 죽은 나 예수다."

"황무지가 장미꽃같이" 본문에서는 제2권에 그 장면이 나옵니다. 나는 오늘 이 시간을 통해 아직도 예수님을 발견하는 데 눈을 뜨지 못했던 걸 고백합니다.

내가 힘들다고 팽개친 사람들,
나를 욕하던 사람들,
내 것을 덜어 자기 욕심을 채우려던 사람들,
나를 자꾸 아프게 하던 사람들,

나를 밟고 내 위에 서려던 사람들,

생각해 보니 아주 많은 이들이 내가 팽개쳐 둔 사람들이었습니다. 한도 끝도 없습니다. 이렇게 주님을 발견하는 눈을 뜬 오늘 나는 봇물처럼 터지는 눈물을 주체할 수가 없습니다.

'하나님이여, 내 마음이 확정되었고 내 마음이 확정되었사오니 내가 노래하고 내가 찬송하리이다. 내 영광아, 깰지어다. 비파야 수금아 깰지어다. 내가 새벽을 깨우리로다.'

이 시는 [시편] 57편 7절과 8절입니다. 다윗이 뜻을 이루기 전 가장 불운한 처지에 있었을 때에 읊은 시라고 본문에 나와 있습니다.

오, 주여! '내가 새벽을 깨우리로다.' 하는 하나님의 음성이 들립니다.

어둠 속을 헤매이던 나의 눈이 서서히 뜨이는 걸 봅니다.

동기부여

"제가 가진 마지막 결혼 패물인 이 목걸이를 김진홍 목사님 사모님께 드립니다. 제 남편 목사는 성질이 유별나 한 마을에서 개척하여 자리가 잡혀갈 때쯤이면 다른 목회자에게 맡기고는 다른 곳으로 가서 다시 개척하고, 그 교회가 천신만고 끝에 자리잡혀 갈 때쯤이면 또 교회 없는 골짜기로 옮기기를 거듭해 왔습니다. 그때마다 곤란을 겪는 것은 처자식들이었지요. (중략)

이 금목걸이는 내가 시집올 때 마련해 왔던 패물들을 그간 급할 때마다 팔아 쓰고 마지막 남은 것입니다. 이번에 이곳에 와서 받은 은혜에 대한 보답으로 이 목걸이를 사모님께 드립니다. 이제 강원도 섬기는 교회로 가정으로 가면 불평 없이 열심히 일할 것을 맹세합니다."

위의 글도 '황무지가 장미꽃같이'에 들어있던 내용입니다. 이처럼 제 주변에도 그런 목사님들이 몇 분 계십니다. 그런데, 지난 주 제게 부고가 하나 날아 왔습니다. 저의 어릴 적 신앙생활의 초석이 되신 김선종 목사님께서 소천을 셨다는 소식이었습니다.

김선종 목사님은 전도사 시절에 저의 고향 안성 삼죽면 마전1리 162번지에 손수 교회를 지으신 분이십니다.

국민학교 2학년 무렵, 내가 살던 외딴집에는 철로가 없는 철둑 마루가 하나 있었습니다. 학교에서 수업이 끝나고 그 철둑을 건너 집으로 가려면 당시 전도사님이신 분이 그 철둑에서 자갈을 캐고 계셨습니다. 교회를 짓기 위한 자갈을 고르고 계셨던 것입니다.

당시 목사님의 나이가 20대 중 후반이었습니다. 껑충하게 큰 키에 몸은 몹시도 말라 어떤 막노동도 어울려 보이지 않는 모습이었습니다. 그렇게 하루 종일 자갈을 캐어다가 리어커로 교회자리에 쏟아붓기를 반복하는 모습이 제 어릴 적 기억에 생생하도록 살아 있습니다. 어떤 날은 목사님이 너무 피곤하신지 그냥 흙길에 누워 주무시는 것도 본 적이 있습니다.

또 목사님에 대한 기억 중 유난 내 망막에 깊숙이 새겨진 것은 목사님이 늘 타고 다니시던 짐 자전거 입니다.

교회를 다 지으시고 마침 하여 구입하신 것은 자신의 키만큼이나 커다란 짐 자전거였던 것입니다. 그 자전거를 타고 다니시면서 이 동네 저 동네 옮겨 다니며 장작도 패주고 짐도 실어다 주고 그랬던 것입니다. 목사님의 헌신은 지금도 잊혀지지가 않습니다. 위의 소설 내용에서 발췌한 것처럼 김선종 목사님도 나중 교회가 많이 발전하던 도중 그 교회를 다른 목사님께 물려주고 김포로 또 개척을 하러 나서셨다고 하였는데 우리 식구들은 나중 서울로 이사를 오고 나서 그 소식을 들었습니다. 내게 그런 기억 저편에 계신 목사님이 돌아가신 것입니다.

문득 오늘은 이런 생각을 합니다.
어릴 적 철없던 시절에 나는 목사가 되겠다고 꿈을 이야기하던 때가 있었습니다. 아마도 그 김선종 목사님이 정말 훌륭해 보인 것이 이유였을 것입니다. 물론 철부지 시절에 소원한 것이지만 그 신학의 꿈은 계속 내 가슴속에 남아 있었던 게 사실입니다.
나는 과연 그런 목사님들처럼 할 수 있을까. 내 어릴 적의 철둑 마루에서 자갈을 캐고 계시던 김선종 목사님과, 지금 읽고 있는 소설의 주인공 김진홍 목사님과, 소설에 나오는 강원도 그 어느 목사님처럼 그렇게 순종하며 하나님의 천국 사업에 동참할 수 있을까 하는 생각을 하지 않을 수 없습니다. 또한 오늘은 마태복음 9장 12절에 '예수님은 그 말을 들으시고 이렇게 말씀하셨다. "건강한 사람에게는 의사가 필요 없고 병든 사람에게만 의사가 필요하다."'라고 하신 말씀이 생각납니다.

바리새파 사람들이 예수가 세리와 죄인들하고만 식사를 하는 것을 보고 왜 그렇게 하는지 물었을 때 예수께서 하신 대답입니다. 오늘사 내가 과연 죄인들과 세리 같은 이들과 함께할 수 있는가에 대한 의문이 든 것이었습니다.

육체의 병을 고치는 사람은 의사라고 하지만 육체와 영혼 모두 병든 사람은 하나님만이 치료하실 수 있는 거라고 생각해 왔습니다. 그래서 내가 이렇게 글을 쓰는 시간도 어떤 이들에게는 치유의 시간이 될 수 있겠다는 나름의 변명을 해 봅니다.

김선종 목사님과 김진홍 목사님과 같은 그런 훌륭한 목회는 못하더라도 세상 아파하는 이들에게 무언가 쓰다듬는 소리를 할 수 있는 시는 쓰고 있지 않는가 하고 위안을 해 보는 것입니다.

나중 하나님이 쓰시겠다 하면 모세가 늦은 나이에 광야로 불려간 것처럼 저도 복종하여 따를 것입니다. 그러나 지금은 글을 쓰는데 조금 더 열중할 것입니다.

달맞이
꽃

주여, 라고 부르면 들판에는 온통 꽃이 피어요 그렇게 말할 때마다 나는 기쁨의 옷을 갈아입어요 더 이상 세상의 것에 관심을 두지 않겠노라 또 다짐을 해요 무슨 힘겹던 걸 내려놓으려고 얇은 꽃잎 펼쳐 놓은 듯이요 차마 기다리던 당신 마중하러 나선 것처럼요.

지금껏 내 옆구리에는 무슨 유혹이 엉글고 있던 걸까요. 무겁거나 단단하거나 무슨 짐을 매달아 놓고 있었던 걸까요. 나는 부질없는 것을 찾아 길을 나서고 여름처럼 익어 가요 여럿이 모여도 결국 하나였던 군락을 발견하고 만 거예요.

이 척박한 곳에 와서야 고단한 발걸음이 멈추고 당신 바라던 장막도 더 이상 멈추고 있어요. 지금껏 기다리던 마음이 마침표를 찍어요. 마침 하여 떠오르는 환한 달빛 같아요. 온 세상에 내 향기가 번져요. 당신을 바라는 등불처럼요.

먼저 은혜로 축복으로 말씀으로 다가오는 당신, 당신을 바라고 올려다보는 하루가 내게는 애달파요. 당신 계신 천국을 정확히 바라보지 못해서 세상 꽃들이 서글퍼요. 희미한 산과 들의 꽃이 더 부질없어요. 당신이 걸어가신 천국을 바라보면서 나도 조금씩 발걸음을 떼어요.

주여! 라는 입김처럼 나는 깊어지더라도 무거워지지 않고 싶어요 그냥 하나의 기다림이었다고 생각하고 싶어요. 당신 가신 발걸음은 무슨 꽃보다 아름다웠다고 몇 마디 말하고 싶어요. 그렇게 나도 피어나면서요.

슬프지 않으면 피지도 않겠다고 말하고 싶어요. 여기 초라한 철둑 마루에 무언가 한마디 대사처럼 오래 서 있으면서 하늘 가신 당신에 대해 말하고 싶어요. 산 너머로 한 계절을 말하면서 날아가는 새들을 무심하게 바라보고 싶어요. 내 꽃은 초라해서 산이 들이 구별되지 않으니까요.

달빛도 아닌 그렇다고 언덕도 아닌 이곳에 네 발걸음 멈추어 서 있고 싶어어요. 노을이 붉더라도 단풍이 붉더라도 흔들리는 모습으로 남고 싶어요.

아멘.

가위 바위 보의
행복론

가위바위보를 하게 되면 사람들은 흔히 어떤 걸 가장 많이 내게 될까?

실제 영국의 대중 "뉴사이언티스트"라는 잡지에서 이 문제를 기사로 실은 적이 있습니다. 가위 바위 보에서 이기려면 처음 '가위'를 내는 것이 좋다는 연구 결과를 발표한 것입니다. 가위, 바위, 보 중 사람들이 가장 많이 선택하는 무기는 바위라고 합니다. 이는 '바위'를 이기기 위해 '보'를 선택하는 이들이 가장 많다는 것을 의미합니다. 그렇기에 가위를 내면 이길 확률이 가장 높다.라고 발표했던 것입니다.

실제로 일본 어느 가전제품 회사에서 소장하고 있는 미술품을 처분하는 과정 중에 이 가위바위보 의 원칙이 증명된 일도 있었습니다. 워낙 고가의 작품이어서 수많은 경매 회사들이 달려들어 이 작품을 자신들이 경매해 보고 싶어 했습니다.

  회사 측에서는 경쟁이 너무도 치열하여 난감한 지경에 이르렀습니다. 그래서 궁여지책으로 선택한 것이 그 가위바위보였다고 합니다. 그때 그 미술품을 차지한 경매 회사가 바로 그 "가위"를 내고 미술품을 차지하는 영광을 가진 것입니다.

  그렇다면 사람들은 왜 그러한 심리를 가지게 되었을까.

  사람들은 심리적으로 크고 단단하고 파괴적인 것을 강하다고 생각하는 데 그 열쇠가 있습니다. 그렇기에 바위가 세 가지 모형 중 가장 강하다고 생각하는 것입니다. 그러나 "보"가 가진 능력에 대해서는 가위바위보의 공식에도 불구하고 불신하는 게 현실입니다.

  저의 경우도 어릴 적 친구와 이 문제를 두고 다툰 적이 있습니다. 보자기로 망치를 감싸봐라. 쾅쾅쾅! 수차례 때리면 보자기도 결국 구멍이 나고 삭아서 그 감싸던 것도 못 하게 되지 않겠냐. 하고 치기 어린 다툼을 한 적이 있습니다.

  그렇게 우리들의 머릿속에는 크고 단단하고 무겁고 파괴적이고 공격적인 것들이 강하게 인식되어져 있는 것입니다.

  창세기 1장 2절에 보면, "땅이 혼돈하고 공허하며 흑암이 깊음 위에 있고 하나님의 영은 수면 위에 운행하시니라."라고 했습니다.

여기서 "운행하다"는 moving으로 번역되기도 하지만 서성이거나 맴도는 의미의 hovering으로 번역될 때도 있습니다. 그렇지만 독수리가 자기 새끼를 위해 공중에서 맴도는 것을 표현할 때 사용되었다는 설도 있습니다. 그리고 실제로 이 운행하다(머리헤페트).는 강조형으로 쓰일 경우, "알을 품다". "간직하다"는 의미로 사용됩니다.(출처 : 네이버) 이 부분을 어느 설교에서 들은 적이 있으므로 그 부분을 보충할 만한 해설을 나름 찾아보았습니다.

그래서 오늘 가위바위보의 원리에서 그 "품다. 간직하다."의 해설을 적용시켜 보기로 한 것입니다. 강함을 이기는 것은 결국 부드러움이라 한 것의 설득력을 가지기로 한 것입니다. 이것은 상대로부터 공격적인 부분을 부드러움으로 감싸 널리 품어주고 감싸주어 공격을 무마 시킨다던가 싸우지 않고 이기는 것을 목적한다는 것을 말하고 싶은 것입니다.

고로 폭력은 폭력을 낳고, 사랑은 사랑을 낳는 그 원칙을 적용시켜 보고 싶은 것입니다. 단숨에 결과를 얻을 수 있는 망치의 파괴요법은 상당 편리할 수 있습니다. 그러나 부드럽게 싸우지 않고 감싸고 품어주는 요법은 고되고 힘들며 효과도 느릴 수 있습니다. 그러나 진정 이기는 방법은 내가 상대를 품어주고 감싸주는 데 있다고 봅니다.

하나님과 그의 외아들 예수님의 방법, 그것 뿐이라고 생각하게 된 것입니다.

선행의
도구란

　원자폭탄의 아버지로 불리는 "오펜하이머"는 제2차 세계대전 당시 핵무기 개발 계획인 '맨해튼 프로젝트'를 주도했던 인물입니다. 미국 로스앨러모스연구소에서 핵 무기를 개발하는 이론과 기술 분야에서 최고 책임자의 역할을 맡아서 6000명의 연구원을 이끌며 프로젝트를 진행했던 사람입니다.

　그토록 강력한 무기를 만들 당시 오펜하이머가 히틀러를 죽이기 위해, 패망시키기 위해 그 무시무시한 걸 만들었다는 것은 이미 알려진 정설입니다. 그러나 1945년 일본의 히로시마(8월 6일)와 나가사키(8월 9일)에 원자 폭탄을 투하한 사건으로, 현재까지 최초이자 유일한 핵무기의 실전 투입 사례로 낙인되어져 있습니다. 그러니까 그 원자탄을 맞은 사람들은 되려 히틀러와 관계없는 히로시마와 나가사키의 국민들이었던 것입니다.

"내가 지옥문을 열었구나."라고 말한 게 오펜하이머가 죽을 때까지 부르짖던 한탄이었습니다.

나는 이 거대한 사건을 통하여 우리의 선행이 과연 상대나 그들과 관계없는 이들에게 선행으로 보여지는 결과를 가져다 주는가에 의문을 가지지 않을 수 없습니다. 히틀러에게 떨어지지 않고 일본의 국민들에게 투하된 그 피해를 살펴봐야 하는 것이었습니다. 우리 주변의 있는 것들을 예를 들어보면 아주 많은 것들이 그와 버금가는 피해를 일으키고 있는 것을 찾을 수 있습니다.

먼저 부탄가스나 프레온가스 같은 걸 예를 들어봅니다. 이것은 분명 사람들의 편리를 위해 만들어진 게 사실입니다. 그리고 그렇게 쓰여지고 있는 것도 명확해 보입니다. 하지만 부탄가스로 인한 이 시대의 피해를 모두 합쳐 놓으면 되려 원자탄에 버금간다는 걸 알 수 있습니다. 청소년들의 가스 흡입으로 인한 탈선은 물론이고 사제폭탄 제조에 또한 이것이 요긴하게 쓰이고 있기 때문입니다. 화재 사고의 경우 또한 이 부탄가스가 촉매제 역할을 하고 있는 것 또한 피해 집게를 더하고 있을 것입니다.

프레온가스의 경우는 더 말할 것도 없습니다. 이건 직접 피해보다 간접 피해를 누적시켜 놓아 우리 인류를 차근차근 고사시키는 물질입니다. 되려 부탄가스보다 더 위험한 물질임이 분명해 보입니다.

그렇게 보면 자동차, 비행기, 컴퓨터, 휴대폰, 텔레비전, 항생제, 시계, 연필, 바퀴 등등 찾아보면 그러한 종류는 셀 수도 없이 많습니다.

그리스 신화에서 보면 "프로메테우스"가 인간에게 불을 알려 주었다는 죄로 절벽에 묶여 간을 파먹히는 형벌을 받는 부분이 나옵니다. 나는 그 이야기보다 성경의 "선악과" 이야기에서 더 명확하고도 구체적인 메시지를 발견합니다. 어떠한 행위가 나의 자의식과 만나서 나와 내 이웃에게 행하는 악행의 선한 칼날이었다는 것도 모르고 그 칼의 날을 세우고 있는 것을 발견합니다.

그러니까 부의 축적과 명성을 위한 고지 탈환과 나 자신의 자위 혹은 만족이 맞물리면 그러한 결과를 묵인하고 스스로 지옥문을 열고, 또 열고도 모른 척할 수 있는 뻔뻔함에 이를 수 있는 나를 발견합니다.

그렇다면 우리가 세상에 행할 수 있는 선은 과연 없는 걸까? 그렇습니다. 우리는 선의 칼날이라는 게 있을 수 없습니다. 선의 칼날이라는 것은 밖으로 향하는 게 아니라 내 안쪽으로 향해 있어야 하는 것입니다. 그걸 오늘에야 깨닫습니다.

"내가 죽어 남을 살리는 선이 아니면 모두 악으로 변한다."

라고 나는 과감히 말할 수 있게 되었습니다. 그리고 우리는 그 선행의 길을 앞서가신 그 분을 이미 알고 있습니다.

진정한 핵폭탄은 예수라서 내 안에서 나를 죽이기 위해 어떠한 폭음보다 큰 소리로 터지는 그 원자탄 소리를 오늘 듣습니다. 예수께서 부활할 당시, 하늘에서 비치는 빛줄기를 눈이 있어도 어느 누구도 보지는 못했을 것이라고 생각합니다.

선과 악의 구별을 알게 된 사람들과,

원수도 내 몸같이 사랑하기를 원하는 사람들과,

내 고통으로 남의 고통을 억압하지 않는 사람들과,

자기애를 버린 사람들과,

그리고 하나님이 선택한 사람들만이

그 빛을 보았을 것이라 생각해 봅니다.

8월의
시

여름내 푸르던 산봉우리와 강물은 이제 대지의 색깔을 벗을 때가 되었습니다.
8월의 금요일 이후 나는 더 짙어지고 허탈해졌습니다.
내 부질없는 팔을 펄럭이며 여기까지 걸어 왔습니다.

마중하는 것은 아무런 것도 없었습니다.
뒤돌아볼 수 없어서 잎에는 시퍼런 멍이 들었습니다.
강물은 넓어졌고 요란한 소리로 흘러갑니다.

절벽이여, 구름이여, 거기로 허겁지겁 피어나는 이름 없는 꽃들이여,
여기서 맺지 못한 열매는 무슨 하늘의 태양처럼 떠 있나니

불러봐도 알아듣지 못하는 것들을 어찌할 수 없어 남겨둘 소식이나마 떨굴 준비도 하였습니다.

아, 나는 이처럼 공허와 입 맞추는 세월을 한 번도 느껴본 적이 없습니다.

맞습니다. 당신이 만드신 이 환영 속에서 깨달을 것은 잘 경작되어진 역사서였습니다.

그렇습니다. 내가 열아홉 살 이후 눈으로 본 것은 소경과 다름없었습니다.

바람이여 악보여, 강물처럼 연주하다 잃어버릴 악기여
갈숲의 길어진 길이만큼 서걱서걱 바람에 몸 베이는 저녁이면 핏물도 노을처럼 흘러나올 것이겠으나.
누구도 여기서 목 길어져 온몸이 목으로 보이는 그 갈대가 될 것입니다.

이제 뚝뚝! 끊어진 길이가 여타 강물에 잘린 머리째로 흘러가 버릴 것입니다.

남겨진 것들을 아쉬워하더라도 미련을 두지 못할 그날이 올 것입니다.

머지않아 가을이 머리 위에서 산불처럼 내려와 대지를 흥건하도록 적실 것입니다.

사랑의
조건

"무엇 하러 나에게 이 많은 제물을 받치느냐? 나는 이제 숫양의 번제물과 살진 짐승의 기름기가 지겹고, 나는 이제 수송아지와 어린 양과 숫염소의 피도 싫다."

장애인들에게는 정부의 복지 정책으로 활동지원인이라는 제도가 주어집니다. 저의 경우도 그 일환으로 활동지원인 선생님 한 분이 매칭되어 있습니다.

오늘 내가 말하고 싶은 것은 서로의 사랑 방법에 대한 것으로써, 소통이 전제되지 못한 문제 때문에 발생하는 것들을 이야기하고 싶습니다. 우리 주변 시각장애인들의 경우를 보면 분명 제공자는 정성껏 해 준다고 하는데 이용자가 불편을 겪는 사례가 종종 있습니다. 그 예를 한 가지 들어보면 다음과 같습니다.

식탁에 앉아서 식사 도움을 할 경우에, 시각장애인들은 도우미 선생님께서 먼저 젓가락을 든 손등을 잡고 이것은 김치, 이것은 불고기, 이것은 콩나물… 이런 식으로 가르쳐 줍니다. 그런데 누구나 좋아하는 반찬이 있게 마련이어서 그 반찬에 자주 손이 가게 되어 있습니다. 그러면 지원인 선생님은 '어, 이분은 불고기를 좋아하는 구나.' 하고 생각하여 그 불고기 접시를 이용자의 앞으로 옮겨다 줍니다. 그럼 이때부터 문제가 발생합니다. 눈이 보이지 않는 사람은 먼저 있던 자리에 가서 젓가락을 더듬거리게 됩니다. 그러면 지원인 선생님은 "거기 앞에 옮겨다 놓았어요."라고 말하고 또다시 알려 주던가 더듬거려서 찾아야 하는 일이 발생합니다. 몇 차례 그런 반찬의 혼란이 있게 되면 탁자는 이미 어수선해지기 시작합니다. 특히 시각장애인이 여러 명 있는 경우에는 난리법석으로 변하게 됩니다. 눈이 보이지 않기 때문에 젓가락질 동선이 겹치게 되고 서로 짜증이 발생하는 일도 자주 있게 마련입니다.

심지어는 입에 무언가를 씹고 있는 상황인데도 입속으로 무언가 또 먹을 것을 불쑥, 넣어주는 선생님도 있습니다. "이렇게 하면 안 돼요."라고 말하면 한결같이 "기껏 생각해서 도와주었더니 불평을 하네."라고 합니다.

위의 성경 말씀은 이사야 1장 11절 말씀으로 잘 생각해 보면 아주 많은 것을 생각하게 하는 구절입니다.

우리는 분명 주를 위한다고 한 것들이 주님께는 필요치 않다던가 성가신 것이 될 수 있다는 것입니다. 나에게서의 기름기와 붉은 피는 그런 게 아니었다는 것입니다. 서로가 소통이 되지 않은 것들은 제물이든 선행이든 다 부질없는 것일 수 있다는 것입니다.

우리는 상대를 알고 진정 빌 것과 내놓을 것을 구분할 수 있어야 하는 것이었습니다.

추위에 덜덜 떨고 있는 사람에게 얼음물을 대접하는 행위나,

젖니도 생기지 않은 아기에게 불갈비를 차려주는 행위나,

화상을 입어 쓰라린 사람의 다리를 안마해 주겠다고 달려드는 사람처럼 상대를 알지 못하는 사랑은 집착을 넘어 폭력이 된다는 것을 알아야 하는 것입니다.

100%의 믿음을 위하여

"믿음은 100% 진짜이거나 100% 가짜이거나 둘 중 하나입니다. 99%는 믿음이 아니에요. 믿음은 그분을 100% 신뢰하는 거예요. 내 생각 10%를 포함한 90%의 믿음은 믿음이 아닙니다."

― 조정민의 답답답 중에서

주변에 하나님을 믿는다 하면서 불평을 하는 사람들을 종종 보게 됩니다.

헌금도 열심히 하였고, 봉사활동은 물론이고 성도 간의 관계도 좋게 가지려 애썼다고 말합니다. 그러면서 자신 혹은 자신의 집에 잘 풀리지 않는 여러 가지에 대해서 불평을 합니다.

지난주 강단 말씀에서 나는 그들의 불평에 대한 원인을 알 수 있었습니다.

언약궤를 앞장세우면서 바벨론 군대를 대적하여 싸우던 이스라엘 군대가 패망하는 모양을 보고 알게 된 것입니다. 그 언약궤도 빼앗기고 이전의 전투에서보다 훨씬 더 많은 군사가 죽게 되는 절망을 맛보게 되는 그 이유를 알게 된 것입니다.

진정한 믿음의 조건이 달랐던 것입니다. 하나님을 믿는다 하면서 말씀을 무슨 도구처럼 이용하려던 것이 바로 그 이유였던 것입니다. 또한 여타 종교와 달리 자아실현(自我實現)을 목적으로 하지 않는다는데 이미 완성되지 못한 믿음은 그러한 불평들을 가지게 하였을 것입니다.

여타 종교들은 대부분이 자아실현의 도구로써 종교 생활을 하게 되어 있습니다. 그러한 관습들이 뿌리 깊게 확립된 우리나라에서 되려 그러한 불평들은 오히려 당연해 보일 수도 있습니다.

그러한 종교들에 각인되어진 사람들이 우리 예수를 믿는 교회에 와서도 그와 비슷한 모양으로 섬기게 되므로 결국 신앙생활에 실패하게 되는 것입니다.

단순히 그러한 논리라면 다행일 수도 있습니다. 간디와 김일성과 히틀러 같은 그런 수장에게 있는 이들의 성경 공부는 더 위험한 도구로 변모할 수도 있다는 것입니다. 실제 그들은 성경을 공부한 이력이 있는 이들이라고 어느 목사님 설교에서 들은 적이 있습니다.

북한을 세운 김일성은 기독교 집안에서 태어났으며 그의 외조부는 평양에서 목회했고, 외삼촌 역시 목사였다고 합니다. 아버지 김형직은 소학교 교사로 선교 활동을 했고, 어머니 강반석 또한 기독교 신자였다고 합니다.

히틀러도 가톨릭 신자인 어머니 클라라 히틀러에서 태어나서 로마 가톨릭교회에서 세례를 받았습니다. 1904년 그는 어머니의 소원에 동의하여 오스트리아 있는 로마 가톨릭교회에서 견진성사를 받은 적이 있습니다. 자신의 책 "나의 투쟁"에서와 그가 통치 초기에 앞서서 행한 그의 연설에서 그는 기독교인이라고 신앙을 확신했습니다. (출처 네이버)

위의 조정민의 "답답답"에서 말하는 그 100%라는 것은 무엇일까? 어쩌면 우리는 불가능한 분을 믿고 있는 건 아닐까 의문이 될 수도 있습니다.

우리가 수시로 넘어지고 시험에 들고 사탄은 우리를 거꾸러뜨리려고 늘 애쓰고 그러는 중에 우리가 100% 하나님의 시험에서 만족을 얻어내는 것은 실로 불가능할 수밖에 없습니다. 그렇기에 여기서 말하는 100%는 우리가 그 믿음을 앞에 두고 나아가야 한다는 걸 의미하는 것입니다. 우리가 믿는 하나님을 신뢰해야 하는 것을 말하는 것입니다. 내가 어떠한 행위로써 믿음을 드러내는 게 아니라, 그의 의에 순종하는 게 그게 믿음인 것입니다.

그렇기에 로마서 1장 17절에 "의인은 믿음으로 살리라."라는 말씀이 우리에게 전하는 메시지를 귀 기울여 들어야 하는 것입니다. 우리를 천국으로 인도하는 말씀이기 때문입니다.

요즘 왼쪽 어깨에 찾아온 오십견이 좀체 낫지를 않고 있습니다. 불편해서 잠을 편히 잘 수가 없습니다.

올해는 지금껏 겪어보지 못한 허리통증과 지독했던 감기 생활 두어 달과 지금은 오십견까지 앓고 있는 것입니다. 이렇게 한 해에 모두 아파보기는 처음입니다.

이토록 아픈 중에도 나는 불행하다는 생각이 들지 않습니다. 나는 천국 백성이므로, 나는 행복한 사람입니다.

60번 죽은 남자

"죽어야 산다."

우리는 예수가 죽음으로 인하여 새 생명을 얻었습니다. 이것은 단순 죄를 대속하는 데 의미가 있는 게 아니라 천국 백성으로 다시 태어나는 것을 말하는 것입니다. 또한 역사를 통해 나열되어지는 게 아니라 이미 창세 전부터 이룩되어진 언약입니다. 그러므로 우리는 택함을 입어 묵시 속에서 완료된 존재입니다.

나이 60을 이순(耳順)이라고 하는데, 논어(論語)에서 나온 말로, 나이 육십에야 비로소 모든 것을 순리대로 이해하게 된다는 뜻이 있습니다. 이 60을 또 환갑으로 표현하기도 합니다. 환갑은 천간과 지지를 합쳐서 60갑자가 되므로 태어난 간지의 해가 다시 돌아왔음을 뜻하는 61세가 되는 생일. 회갑(回甲), 화갑(華甲/花甲), 주갑(周甲)이라고도 합니다.

지난 6개월 조금 넘는 기간 동안 내가 이 글들을 써오면서 오롯이 깨달은 것은 오직 하나 뿐이었습니다. "죽어야 산다." 그렇습니다. 우리는 죽어야 사는 것입니다. 세상이 소멸할 때 같이 소멸되어질 것들에 얽매여 있지 않고 먼저 고개 숙여 그것들을 자진 납세하듯 내 발아래로 벗어 버릴 줄 알아야 하는 것이었습니다.

그렇게 내 자아(自我)가 온전히 죽어 벗겨지는 날이 오기를 소원하는 게 그게 맞습니다. 나의 믿음이 그렇게 거꾸러진 모습으로 멈추어져 있어야 하는 게 맞습니다.

나는 내일 또 내일 죽을 나를 찾아 헤매이겠지만, 나는 오늘로써 60번 죽음으로 인하여 다시 환갑 하였다고 믿습니다.

에필로그
죽어도 행복한 2023년

    오늘은 2023년 9월 22일 금요일입니다.
    오늘이 본문을 작게는 수십 차례, 크게는 네 번의 수정을 마친 날입니다. 오늘 문득 내게 찾아온 복음에 눈물을 주체할 수가 없습니다. 29번 글인 "혀로 듣다."의 내용에서 나는 다양한 것들이 추가적 말씀으로 다가오는 것을 듣고 말았습니다. 어떠한 진리도 이 세상을 평화롭게 할 수도 없다는 걸 알아 버렸고, 도덕이나 법률 자체도 사람의 행복과는 아무런 관계가 없다는 걸 또한 깨달았기 때문입니다.
    태초에 선악과를 유혹했던 뱀의 그 혀가 이제 논리와 진리라는 무기를 가지게 되어 서로 헐뜯고 양쪽 모두 지옥으로 끌고 가는 지경에 까지 이르렀기 때문입니다. 실제 자기의 의와 상대의 의에 관계없이 그 독사의 혀를 놀리는 세상이 되었습니다. 오로지 자신에게 이득이 되느냐 그렇지 않느냐에 따라 목소리를 높여 가는 세상이 되어버린 것입니다.

　상대의 말이 무시되고 오로지 나의 혀로 내용이 제 창출되는 세상, 귀가 없이 혀로 듣는 독사의 세상이 도래한 것입니다. 그렇다면 나는 그러한 것들에 대하여 대처할 방법도 기도할 제목도 자연스레 주어집니다. 답은 바로 내가 그들을 이기려 할 필요가 없다는 것입니다. 싸워서 이기는 게 아니고 싸우지 않고 이기는 방법이 진짜 이기는 것이라는 것입니다. 원수가 주리면 배불리 먹이고 목말라하면 마실 것을 주라는 말씀과 오른뺨을 때리면 왼뺨도 내밀라는 말씀과 상통합니다. 이해하기 어렵지 않습니다.

　하나님께서는 내게 수차례 이러한 말씀을 전해주려 애썼으나 나는 지금껏 귀가 열리지 않아 그 소리를 듣고도 알아차리지 못했던 것입니다. 오늘에야 그 종말에 가서 거대한 용으로 변하는 독사의 실체를 깨닫습니다. 그렇기에 오늘 나는 눈물을 주체할 수가 없습니다. 천국도 가까워 오는 것을 알게 되니 나는 눈물을 닦아도 닦아도 계속 흐릅니다.

　이 기쁨을 어떻게 말로 다 표현할 수가 없습니다.

2023년 9월 대전 갈마동에서 **허상욱**

시각장애인 시인
허상욱 집사의 간증에세이
60번 죽은 남자

펴낸날 _ 2024년 5월 24일 (초판 1쇄)
지은이 _ 허상욱
펴낸곳 _ 기획출판 오름 / 발행인 _ 김태웅
      등록번호 _ 동구 제364-1999-000006호
      등록일자 _ 1999년 2월 25일
      주소 _ 대전광역시 동구 대전로 815번길 125 2층 (삼성동)
      전화 _ 042.637.1486
      팩스 _ 042.637.1288
      E-mail _ orumplus@hanmail.net

ISBN _ 979-11-89486-98-3

값 15,000원

· 잘못된 책은 바꾸어드립니다.
· 지은이와의 협의에 의해 인지는 생략합니다.
· 본 책 내용의 전부 또는 일부를 재사용하려면 반드시 저자의 동의를 얻어야 합니다.